GOLF

명랑골프는 없다

주말골퍼가 쓴, 주말골퍼를 위한 책

박인호
방호일
박해건

박영사

주말골퍼가 쓴, 주말골퍼를 위한 책

주말골퍼 3명. 져쓰리(Just Three), 그들은 주중에는 직장에서의 업무로 바쁜 시간을 보낸다. 골프를 사랑하는 그들은 오늘도 늦은 시간, 인도어(In-door) 조명 아래서 연습에 매진한다. 하지만 회식과 야간근무로 이마저도 여의치 않다. 주말이 되어서야 필드에서의 골프 라운드 시간을 어렵게 마련한다.

져쓰리(Just Three)는 '골프 바람'이 거센 요즈음, "행복한 골프란 무엇일까?"에 대한 깊은 고민에 빠졌다. 골프 실력향상에 있어 핸디캡을 가질 수밖에 없는 직장인으로서, 실망감에 빠지지 않고 언제나 만족감으로 골프를 만날 수 있는 방법은 무엇일까? 그리고 그 해답을 제시해본다.

골프 스윙, 동작의 이미지와 시간

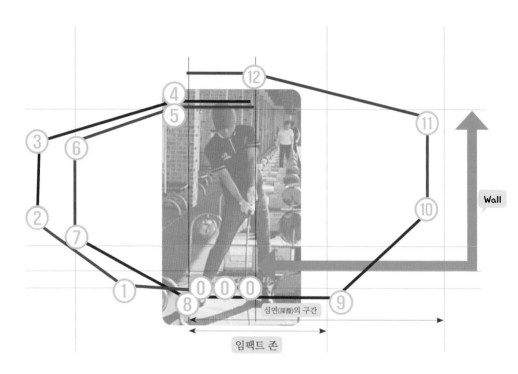

Wall

심연(深淵)의 구간

임팩트 존

책의 첫번째 목적은

스윙 개념의 구체적인 정의를 통해,

쉽고 단순한 방법으로 골프를 이해하기 위함이다.

‸ 모두의 다양한 스윙을 만족하지는 않지만, 틀리지 않은 스윙 모델 하나를 제시하여
  새로운 이야기를 시작하려 한다.

져쓰리(Just Three)

박인호 피부과전문의

– 박인호피부과의원

방호일 소아청소년과전문의

– 엔젤요양병원

박해건 본부장

– BPS 사업본부, ㈜티에스피

차례

골프는 왜 어렵지?

 구체적이지 못한 개념의 정리가 이해를 어렵게 한다!

임팩트 타이밍(Impact Timing)?

- 각각의 클럽 종류에 따른 타이밍의 차이가 있다. 그렇다면 정의
가 불가능하다?

임팩트 존(Impact Zone)?

- 스윙은 개인마다 다르다. 그렇다면 정의가 불가능하다?

벽(Wall)이 뭐야?

던지라고?

템포, 리듬?

밸런스?

머리말

주말골퍼로서 7년, 부단히 최선을 다한 골프 연습의 시간이었다. 그동안 골프와 가까워지는데 많은 어려움을 겪었는데, 그 이유는 '구체적으로 의미가 정의되지 않은 골프의 개념이 많았던' 것이 아니었던가 생각해본다.

이제 그간의 경험에 비추어 본인이 이해하는데 있어 어려움을 겪었던 몇 가지 중요한 개념을 구체적으로 정의해보고자 한다. 그 하나의 해결 수단으로, 모두의 다양한 스윙을 만족하지는 않지만, 틀리지 않은 스윙 모델 하나를 제시하여 새로운 이야기를 시작하려 한다. 개인마다의 스윙이 다양하다는 핑계로 어떤 것도 정의하지 않는다면 골프를 진심으로 사랑한다고 하는 이에게는 직무유기나 다름없을 것이다. 이제 이들을 과감하게 구체적인 틀로 규정짓고 새롭게 이야기해보려 한다. 나와 같은 고민에 빠져 있는 많은 분들과 같이하고자 하는 것이다. 그리고, 오늘도 계속되는 또 하나의 물음이 있다. '주말골퍼'로서의 목표 설정은 어디 까지가 적당할까? 끝없이 노력하고, 더 많은 삶의 에너지를 골프에 집중한다면 누구나 목표 스코어에 도달 할 수 있을까?

본 작업은 새로운 도전이었기에, 이어 또 다른 이야기들의 시작이 있기를 기대해본다.

책의 첫 번째 목적은 애매한 개념에 대한 구체적인 정의를 통해, 쉽고 단순한 방법으로 골프스윙을 이해하는 것이다.

1장

골프 스윙, 이론의 핵심은 많지 않다

골프 레슨, '말'의 의미를 알자

골프 레슨을 받는 과정에서 우리가 듣게 되는 '지적' 내지는 '강조의 말'들을 정리해 보았다.
이 중에서 우리가 꼭 알아야만 하는 중요한 골프 스윙의 강조점은 무엇일까?

1장2절 ### 상체 vs. 하체

축(Axis)

> 헤드 업 하지마라. 일어서지 마라.
> 축을 유지해라.
> 공을 끝까지 봐라.
> 클럽이 지나간 자리를 봐라.

1장4절 ### 오른손인가 왼손인가? 주도성에 대하여

밸런스 & 템포

> 피니시 자세를 3초 유지해라.
> 공을 때리는 것이 아니라,
> 오히려 피니시만 생각한다.
>
> 천천히 쳐라.
> 템포가 빠르다.
> 스윙이 빠르다.

힘을 빼라! ; 상체의 힘을 뺀다. 하지만, 하체의 긴장은 유지한다. 하체주도의 스윙이다.

체중이동

리듬(Rhythm)

하체 주도의 스윙을 해라.
공에 체중을 실어라.
스탠스를 넓혀라.
체중이동을 위한 공간을 만들어라.
하체와 상체의 리듬이 맞아야 체중을
실을 수 있다.

스윙은 좌, 우측 거울 이미지로 구성된다

'대칭동작' & '보상동작'

채를 던지려면, 백스윙도 던져라.
모든 스윙 움직임에는 각각에
대응하는 '대칭 동작'이 존재한다.

'보상동작'이란 무엇인가?

골프이론의 핵심은 많지 않다.

타이밍? 'Impact Timing!'

임팩트 타이밍(Impact Timing)

볼을 끝까지 봐라.
타이밍을 맞춰라.

타이밍이 늦다.
타이밍이 빠르다.

아마추어의 영원한 숙제, 'In to In'궤도의 완성은
체중이동과 같이 만들어진다

'인투인(In to In)'으로 쳐라.
채를 끌고 내려와라.
탑에서 잠시 멈춰라.
덤비지 마라. 엎어치지 마라.
채를 떨어뜨려라.
채가 잘 떨어져야 한다.
클럽헤드를 떨어뜨려라.
양 어깨를 바닥으로 떨어뜨려라.
낮게 낮게 쳐라.

모든 주말골퍼가 매일 마주하는 레슨의 언어들이다.

1장 9절 골프스윙에는 '던지는 구간'이 있다

의식으로 통제되지 않는, '심연의 구간'이다

> 채를 던져라. 채를 뿌려라.
> 헤드 무게로 쳐라. 채로 쳐라.
> 채를 '바닥에 던지는 동작'으로
> "손목의 힘을 빼라."
> 채를 먼저 보내라.
> 배치기(얼리 익스텐션) 하지마라
> 주의! 치킨 윙(chicken wing)

1장 10절 골프공의 **'방향성'**은 체중이동으로 만들어진다

방향성을 결정하는 '멈춰진 시간'이 있다

> 공을 때리지 마라.
> 공이 있는 구간을 클럽이 지나간다
> 생각해라.
>
> 아마추어의 영원한 숙제, '슬라이스!'

└ 같은 뜻 다른 말, 골프가 어렵다.

공과의 만남은 두 가지 느낌 사이에 있다 - '펀치샷'과 '로브샷'

"찍어 친다?"
모든 샷에서 ⑨지점을 향해 누른다!

찍어 쳐라! 눌러 쳐라.
(연습장에서) 매트 소리가 나게 쳐라.
채를 바닥에 버려라.
공을 퍼 올리지 마라.

벽(Wall)이란 무엇인가?

벽을 만들어라.
벽을 느껴라.

3장

100타 그리고 90타 깨기

임팩트 존(Impact Zone)

우리는 왜,
'우드'와 '롱아이언'을 못 다루는가?

우리는 언어의 벽과도 마주한다.

◐ 큰 근육(Big muscles) vs. 작은 근육(Small muscles)

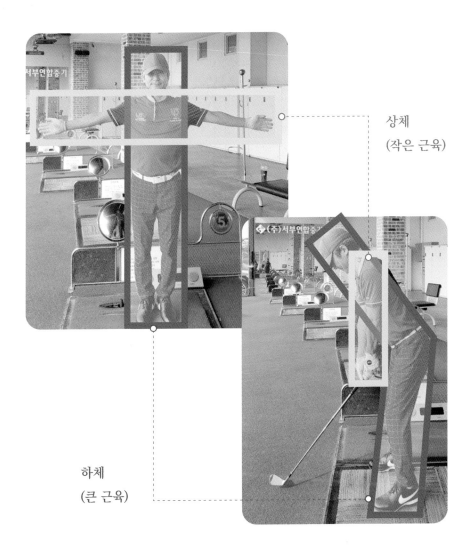

상체
(작은 근육)

하체
(큰 근육)

◑ 굳이, 상체와 하체를 구분하는 이유가 무엇일까?

능동적으로 움직여야 하는 신체의 부분과 **수동적**으로 움직여야 하는 부분을 구분하기 위해서 필요한 개념이다.

그림과 같이 능동적으로 움직이는 **하체**와, 반대로 하체의 움직임에 따라 수동적으로 움직이는 **상체**로 구분할 수 있다.

따라서, 일정한 타원의 궤도를 만들어야 하는 골프스윙에서 **하체**는 원의 중심, 즉 움직임의 축(AXIS)이 되어야 한다.

◑ 코어 근육

하체에는 상체에 비해 큰 근육이 분포해있다. 하체근육 중에서도 우리 몸의 중심인 척추, 골반, 복부를 지탱하는 근육을 '코어근육'(Muscles of the core)이라 한다. 코어근육은 허리, 복부, 골반과 엉덩이를 연결하는데, 자세를 유지하고 강력한 힘을 발휘하는 힘의 원천이 된다.

3절 / 골프스윙, 구분동작의 가정. 12동작

◑ 구분동작은 안된다!? 하지 말아야 할 것인가?

구분동작은 필연적으로 움직임의 한계를 갖는 우리 신체 구조로 말미암은 것이다. 오직 이를 통해, 큰 아크(Arc)의 힘있고 일관성 있는 골프스윙을 만들기 위한 우리 몸의 메커니즘을 이해한다. 즉, 구분동작이라는 신체 움직임의 분석 과정으로, 최종적으로는 타원 모양의 완벽한 연속동작을 만들기 위한 기초를 마련하는 것이다.

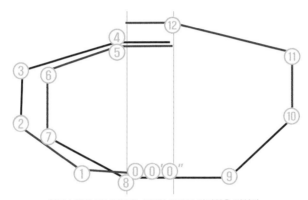

골프스윙의 구분동작은 신체의 구조로 말미암은 것이다.

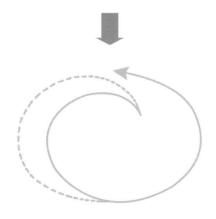

Ben Hogan's Five Lessons : The Modern Fundamentals of Golf. Ben Hogan, Herbert Warren Wind, Anthony Ravielli (Drawings), Atria Books, 2002. P. 103.

도대체, 스윙에서 구분동작이 왜 필요한 거야?

· 골프 스윙은 클럽헤드의 궤적으로만 본다면 타원 운동이기는 하지. 하지만 좀 더 생각해보자고! 특수한 상황에서의 경우를 제외한다면 스윙은, 좌측과 우측 양측 다리로 이루어지는 두 개의 축 사이에서 만들어지는 운동이고, 더욱이 좌측과 우측 팔이 있는 몸의 구조를 생각한다면 당연히, 직선으로 이루어지는 구분동작을 구성해 볼 수 있는 거야.

· 더욱이, 운동의 제한이 있는 **관절의 구조**를 생각할 때, 스윙 동작을 직선으로 이루어지는 구간별로 나누어 이해 하는게 당연하지. 오히려 스윙을 동그란 원으로 이해 하는게 무리일 수도 있어.

· 구분동작의 시각에서 골프가 다르게 보이고, **보다 깊게 이해하게 될 꺼야.** 생각의 틀을 바꿔보면 이해의 방식이 바뀌거든.

▾ 골프는 양측 다리, 즉 **두개의 축** 사이에서 이루어지는 운동이고 **운동의 제한이 있는 관절의 구조**를 생각할 때, 스윙을 구분동작으로 나누어 이해하는 것은 어렵지 않고 오히려 당연하다.

◑ 골프스윙의 구분동작은 신체의 구조 즉, 좌 · 우측이 대칭이고 운동성의 한계를 가진 관절의 구조로 말미암은 것이다.

우리 몸은 여러 개의 다양한 종류의 관절(Synovial joints)로 이루어졌다. 그중에서도 팔꿈치 관절은 단일평면에서의 운동인 굽힘과 폄이 우세하게 나타나는 경첩관절(Hinge joint)이다. 그 특징이 골프 스윙의 구성에 있어 결정적 영향을 미친다.

골프 이론가의 설명을 조금만 주의 깊게 들어 그 의미를 되새겨 보자. 당연하게도, 그들 모두는 골프 운동을 구분 동작으로 설명하고 있음을 알게 된다.

▾ 팔과 몸의 연결

· 〈온몸으로 기억하는 골프 스윙의 정석〉, 닉 브래들리, 박건호 옮김, 샘터, 2018. p.48.

⓪ 동작

어드레스(Address)*
P1- Address**

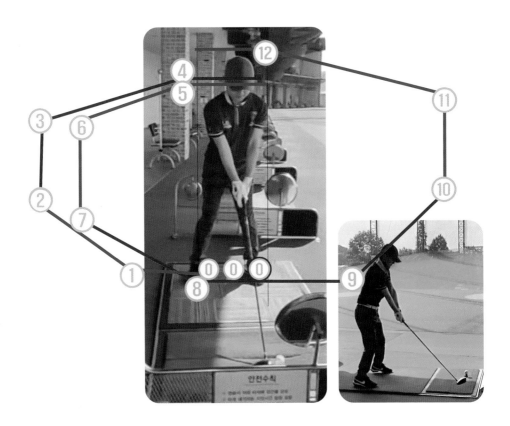

* 〈전욱휴 프로가 말하는 골프의 기본은 스윙이다〉, 전욱휴, 골프아카데미, 2012.

** P Classification System. The Positions of the Golf Swing. https://www.thediygolfer.com/

① 동작

백스윙 초기*
(테이크 어웨이)

좌측 팔

[레슨] 테이크 백에서 우측손은 거들 뿐

・이시우 프로, 스포티비골프다이제스트, 2018.04.11.

* 〈전욱휴 프로가 말하는 골프의 기본은 스윙이다〉, 전욱휴, 골프아카데미, 2012.

② 동작

백스윙 1단계*

P2 - Takeaway**

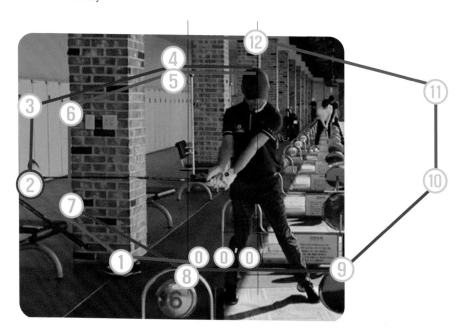

좌측 팔에서 우측 팔로 주도성이 바뀌는 지점

* 〈전욱휴 프로가 말하는 골프의 기본은 스윙이다〉, 전욱휴, 골프아카데미, 2012.

** P Classification System. The Positions of the Golf Swing. https://www.thediygolfer.com/

③ 동작

백스윙 2단계*

P3 - Backswing**

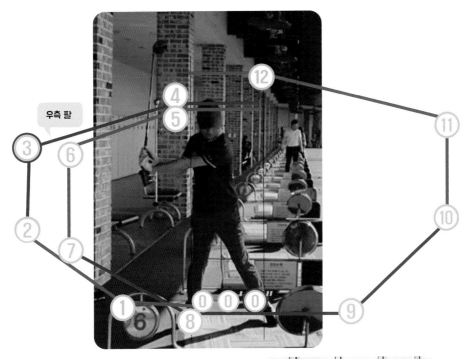

우측 팔

하체의 힘은 대부분 우측 팔로 흐른다.
즉, 우측 팔이 주도한다.

* 〈전욱휴 프로가 말하는 골프의 기본은 스윙이다〉, 전욱휴, 골프아카데미, 2012.

** P Classification System. The Positions of the Golf Swing. https://www.thediygolfer.com/

④ 동작

전환동작(Transition)
P4 - Top of Swing*

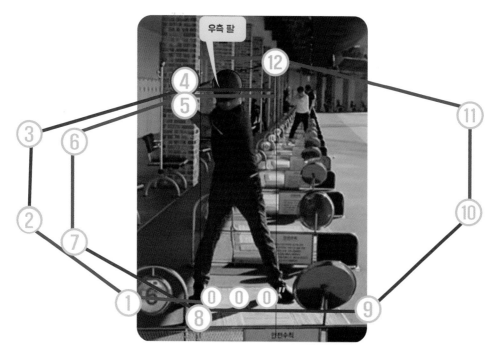

아직까지 하체의 힘은 우측 팔에 머문다.
즉, 우측 팔이 주도한다.

- '톱 오브 더 스윙'이 아니라 '전환'이라고 생각한다.
  - 〈골프 스윙 최강의 교과서〉, 스가와라 다이치, 이재화 옮김, 삼호미디어, 2021. P. 68.

* P Classification System. The Positions of the Golf Swing. https://www.thediygolfer.com/

⑤ 동작

전환동작(Transition)
P4 - Top of Swing*

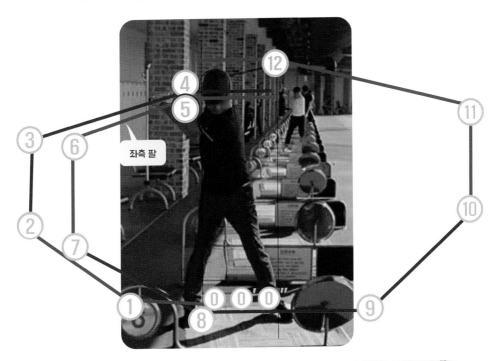

좌측 팔

하체의 힘은 우측 팔에서 좌측 팔로 전환되었다.
즉, 좌측 팔이 주도한다.

▾ 전환 : 꼬임의 최대 차이를 만들어내는 타이밍
  • 〈골프 스윙 최강의 교과서〉, 스가와라 다이치, 이재화 옮김, 삼호미디어, 2021. P. 68

* P Classification System.The Positions of the Golf Swing. https://www.thediygolfer.com/

⑥ 동작

다운스윙 1단계*
P5 - Downswing ⓐ**

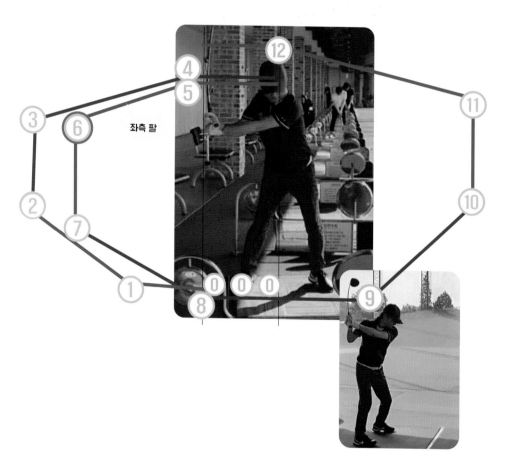

좌측 팔

굳이 구분해서 얘기한다면 다운스윙 초기에는 왼팔을 이용해서 클럽을 끌어내리고 그 후부터는 오른쪽의 파워를 이용하여 임팩트를 하는 것이 좋다.

• 〈고덕호 실전 골프레슨〉, 고덕호, 삼호미디어, 2010. p.22.

* 〈전욱휴 프로가 말하는 골프의 기본은 스윙이다〉, 전욱휴, 골프아카데미, 2012.

** P Classification System. The Positions of the Golf Swing. https://www.thediygolfer.com/

⑦ 동작

다운스윙 2단계*
P6 - Downswing ⓑ**

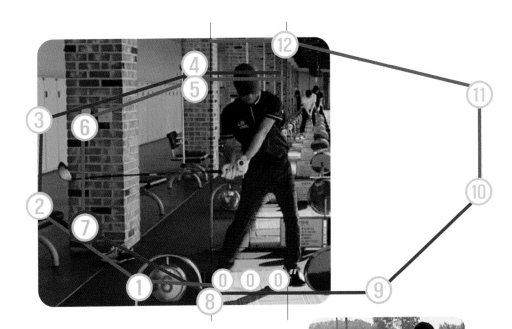

좌측 팔에서 우측 팔로 주도성이 바뀌는 지점

* 〈전욱휴 프로가 말하는 골프의 기본은 스윙이다〉, 전욱휴, 골프아카데미, 2012.

** P Classification System. The Positions of the Golf Swing. https://www.thediygolfer.com/

⑧ **동작**

'던지는 구간' 시작

'오른쪽 다리 앞에서 임팩트'란? 그것을 의식하면서 왼발 뒤꿈치의 위치에서
치는 것!*

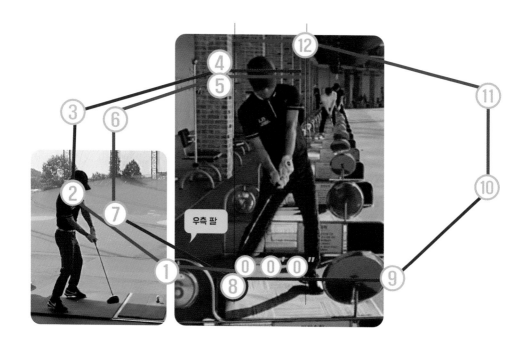

우측 팔

 스윙을 하는 도중 가속을 하는 위치는 임팩트하기 전 다운 스윙 도중 70~30°사이
다. 이때 가속하여 헤드속도가 증가하면 헤드의 무게중심에 원심력이 작용하는데,
샤프트는 전방으로 휘어지고 아래쪽으로 처진다.

・〈프로골퍼도 몰래 보는 골프책〉, 오츠키 요시히코, 이용택 옮김, 봄봄스쿨, 2015. P. 46.

* 〈초보자를 위한 골프길라잡이〉, 사카타 노부히로 외 지음, 유인경 옮김, 국일 미디어, 1999. p.52.

⓪ 동작

임팩트*
P7 – Impact**

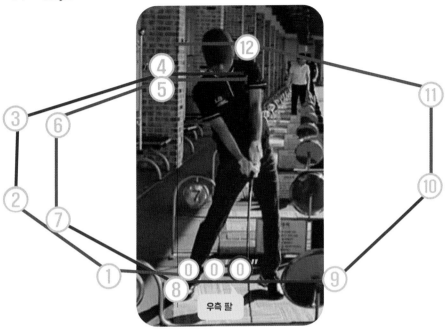

좌측 팔이 회전의 중심이지만, 우측 팔이 주도한다.
하체의 힘은 우측 팔로 흐른다.

* 〈전욱휴 프로가 말하는 골프의 기본은 스윙이다〉, 전욱휴, 골프아카데미, 2012.

** P Classification System. The Positions of the Golf Swing. https://www.thediygolfer.com/

⑨ 동작

릴리즈 초기*

우측 팔

하체의 힘은 우측 팔로 모아진다. 즉, 우측 팔이 주도한다.

* 〈전욱휴 프로가 말하는 골프의 기본은 스윙이다〉, 전욱휴, 골프아카데미, 2012.

⑩ 동작

릴리즈 완성*
P8 - Release ⓐ**

우측 팔에서 좌측 팔로 주도성이 바뀌는 지점

---

* 〈전욱휴 프로가 말하는 골프의 기본은 스윙이다〉, 전욱휴, 골프아카데미, 2012.

** P Classification System. The Positions of the Golf Swing. https://www.thediygolfer.com/

⑪ 동작

3/4 피니시*

P9 – Release ⓑ**

좌측 팔

하체의 힘은 좌측 팔로 흐른다. 좌측 팔이 스윙을 주도한다.

* 〈전욱휴 프로가 말하는 골프의 기본은 스윙이다〉, 전욱휴, 골프아카데미, 2012.

** P Classification System. The Positions of the Golf Swing. https://www.thediygolfer.com/

⑫ 동작

피니시의 완성*
P10 – Finish**

좌측 팔

하체의 힘은 좌측 팔에서 멈춘다. 즉, 좌측 팔이
스윙을 주도한다.

* 〈전욱휴 프로가 말하는 골프의 기본은 스윙이다〉, 전욱휴, 골프아카데미, 2012.
** P Classification System. The Positions of the Golf Swing. https://www.thediygolfer.com/

◐ 오른쪽? 왼쪽? 어느 쪽이 스윙을 주도하는가?

하체의 힘은 좌우 팔의 한쪽을 택하여 상체로 흐른다. **신체의 구조**를 고려한다면, 양측 팔로 균일하게 흐를 수는 없는 것이다.

하체의 힘이 상체로 '흐르는 길'을 설명하려 하는 것이다. 설명을 위해, 모두의 다양한 샷을 정의할 수는 없지만 **틀리지 않은 하나의 예**를 제시한다.

우측 팔

좌측 팔

'**백스윙 탑**'과 '피니시'동작에서 좌·우측 팔의 주도성 차이는 더욱 확연해 진다. 오른손과 왼손, 주도성의 흐름은 **신체 구조**로 말미암은 것이다.

◑ 하체의 힘은 상체, 어느 쪽으로 흐르는가?

큰 스윙 아크(Swing Arc)를 만드는 것이 골프 스윙의 기본 전제라면 좌우측 팔의 주도성문제는 단순해진다.

신체의 구조를 고려한다면, 양측 팔로 균일하게 흐를 수는 없는 것이다.

우측 팔

좌측 팔

스윙 아크(Swing Arc)를 크게 하라. 스윙의 처음부터 마지막까지 클럽헤드가 지나가는 궤적을 넓게 하면 할수록 페어웨이의 안쪽 깊숙한 곳으로 날려 보낼 수 있는 스피드와 파워를 만들어 낼 수 있다.

· 〈내 생애 최고의 골프 레슨〉, 골프매거진 편집부, 삼호미디어, 김해천 옮김, 2010. P. 74.

오른쪽인지 왼쪽인지 꼭 따져야 하나?

· 좌우측 구분을 통해, 오직 말하려는 것은 **첫째**, 골프 스윙에서 하체의 힘은 구간별로 좌우측 팔로 교차하며 상체로 흐른다는 사실을 말하려 함이다. 즉, 어느 한쪽으로, 흐르지 않고 구간마다 주도성을 교차해가며, 양측 팔의 조화로 스윙은 이루어진다. 어느 한쪽으로 흐를 수 없는 우리의 신체구조를 살펴본다면 더욱 그렇다.

· **둘째**, 골프는 **공을 헤드에 묻혀 내보내는 운동**이다. 즉, 골프스윙은 몸의 정면, 임팩트 지점으로 힘을 모으는 운동이기 보다는, '백스윙'과 '팔로우', '피시니' 구간이 강조되는, 다시 말해서 좌우 양측 바깥쪽으로 클럽을 '**내보내는 운동**'임을 강조하기 위함이다. **밸런스** 측면에서 보면 더욱 그렇다.

· **역설적이게도, 우리는 실제로 스윙을 통해, 보내는 구간(α Zone)에 집중해야지만, '임팩트 존'의 버팀시간을 길게 유지할 수 있음을 알게 된다.**

▾ 골프라는 운동은 리듬, 타이밍, 밸런스로 이루어지는 운동이라 합니다. 그중에서 제일 중요한 게 밸런스고 임희정 프로께서 강조를 해주었습니다.

• YouTube, [Benjefe] SBS 골프 아카데미 -임희정 프로 특집 1편-예쁜 피니시 만들기

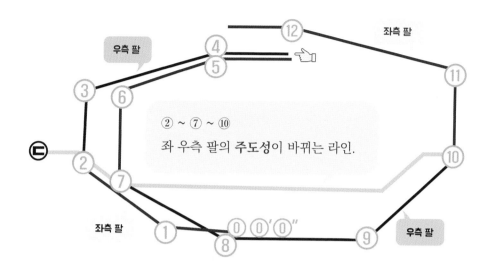

👉 ④-⑤, Transition(전환),
'전환동작'에서 좌,우측 팔의 주도성은 바뀐다.
백스윙에서 클럽이 가장 높이 올라간 정점을 보통 '톱 오
브 더 스윙(Top of the swing)'이라고 표현하지요. 그러나
저는 톱 오브 더 스윙이라는 개념보다는 어디까지나 백스
윙에서 다운스윙으로 움직이는 전환구간으로 생각합니다.

• 〈골프 스윙 최강의 교과서〉, 스가와라 다이치, 이재화 옮김, 삼호미디어, 2021. P. 68.

글의 서두에서 밝혔듯이, 그림의 예시는 개인마다의 모든 스윙을 만족하는 것이
아니며, '틀리지 않은 하나의 예시'임을 다시 한번 밝힌다.

● 골프는 오른손으로 하는 운동인가? 왼손으로 하는 운동인가? 중요한 주제이지만, 그 누구도 좌·우측 팔 주도성에 관해 정확히 이야기 하지 않는다.

- 오른쪽 어깨가 비켜준다는 느낌으로 백스윙하면 이상적인 밸런스와 회전으로 헤드 스피드의 초석이 마련
  - [G.D스쿨 레슨] 박성호 프로, 헤드 스피드를 높이기 위한 3가지 방법

- 백스윙 톱에서 오른 손목이 어떤 각도를 이루느냐는 매우 예민한 문제다. 스윙 파워는 몸통의 꼬인 정도가 열쇠를 쥐고 있지만 백스윙 톱에서 형성된 손목 코킹 각도도 이에 버금갈 만큼 비중이 높다.
  - 〈임진한 원포인트 클리닉〉, 임진한, 삼호미디어, 2002. p.42.

- "백스윙 탑에 올라갔을 때, 중요한 포인트는 오른쪽 어깨가 분명히 회전이 되어야 한다는 거, 이거를 꼭 기억을 하셔야지만"
  - YouTube, 〈아카데미 이시우〉 드라이버 테이크어웨이 구간에서 헤드는 빠르게

- 오른손과 왼손의 주도성에 대하여
  골프는 오른손으로 하는 운동인가? 왼손으로 하는 운동인가? 체중의 이동과 허리의 꼬임과 풀림이라는 하체 운동으로부터 발생한 에너지가 어디로 흐를 것이냐는 주된 흐름의 경로를 묻는 것이라면 그것은 당연히 오른쪽이다.
  - 〈골프도 독학이 된다〉, 김헌, 양문㈜, 2012. P.112.

- "백스윙은 왼팔로 밀어 올리고, 다운스윙은 오른팔로 내려서 친다" **"왼팔로 오른쪽 허벅지까지 끌어내리는 다운스윙"** 내 공이 똑바로 가는 스윙이 나에게는 정답인 스윙
  - YouTube, [MY 고덕호_Q& A] 스윙 중 오른손과 왼손의 역할 + 릴리스를 더 쉽게

- 임팩트 직후에 순간적으로 왼쪽 팔꿈치 부분을 오른손으로 누르면 왼손 손목이 각도를 크게 만들고, 샤프트는 세로로 움직인다. 그 결과 헤드는 위로 올라가게 되고 쉽게 **큰 궤도를** 만들 수 있다.
  - 〈초보자를 위한 골프길라잡이〉, 사카타 노부히로, 유인경 옮김, 국일 미디어, 1999. p.58

● 좌 · 우측 팔의 주도성이 바뀌는 라인을 따라 α zone 과 β Zone으로 나뉜다.

α zone
③ ④ ⑤ ⑥ ⑪ ⑫

β Zone ;
○(임팩트) ① ⑧ ⑨

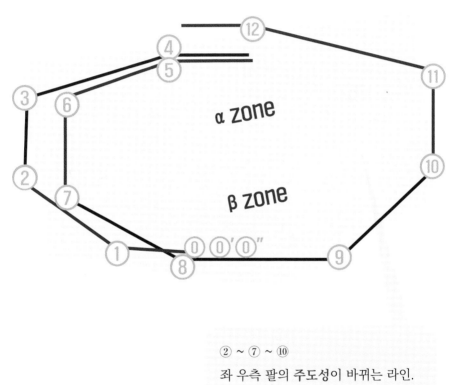

② ~ ⑦ ~ ⑩
좌 우측 팔의 주도성이 바뀌는 라인.

▾ 우리는 골프 스윙을 상부와 하부, *α & β* zone으로 구분해야, 비로서 중요 개념을
설명할 수 있음을 알게 된다.

② ~ ⑦ ~ ⑩
좌 · 우측 팔의 주도성이 바뀌는 지점

◐ α & β Zone 구분의 진정한 의미

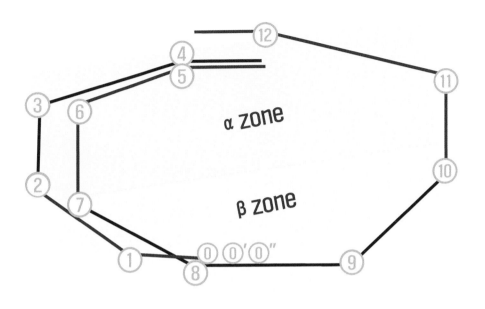

α Zone	β Zone
큰 근육을 사용 (Big muscles)	작은 근육을 사용 (Small muscles)
하체	상체

    ② ~ ⑦ ~ ⑩ 지점은 좌·우측 팔의 주도성이 바뀌는 전환점이고, 사용되는 근육의 쓰임이 바뀌는 시점이다. 골프 중요개념의 이해에 기초가 된다.

◑ α Zone과 스윙의 일관성

· 큰 근육(Big muscles)과 '스윙의 일관성'

 α & β Zone 각각에 쓰이는 근육 크기를 비교해보면 이해가 쉽다.

 α Zone에서는 상대적으로 큰 근육을 사용하여 '스윙의 일관성'을 확보한다.

· β zone 관련 레슨은 많고 단순하여 이해가 쉽다. 하지만, 매일 바뀌는 우리 몸의 컨디션 변수의 작용으로 일관성 확보에 어려움을 알게 된다.

· 상대적으로 α zone관련 사항은 습득에 있어 어렵지만, 터득하고 난 이후, 동작의 변수가 적어 스윙의 일관성을 확보한다.

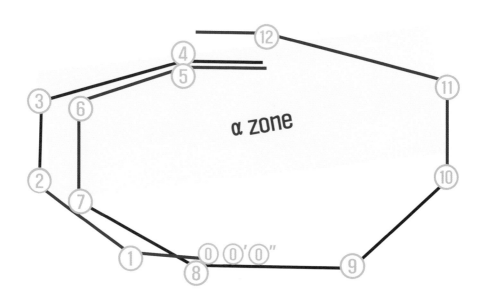

◑ α Zone의 의미는?

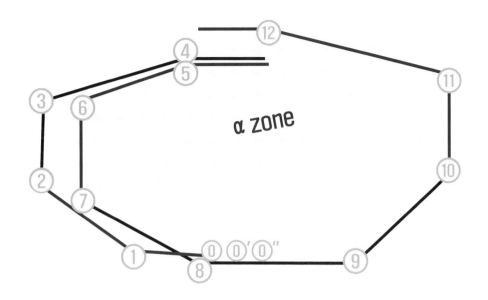

· 밸런스

α Zone의 좌우 양측 균형이 밸런스를 만들어 낸다.

· 템포

α Zone에 집중하면 스윙의 템포를 늦춘다.

· 넘겨주는 운동

α Zone은 좌우 양측으로 내보내는 구간이다.

· 일관성

α Zone은 골프스윙의 일관성을 보장한다.

내보내는 구간, *α* Zone에 집중하는 스윙을 하면, **하체주도**의 스윙을 하게 되어 **밸런스**가 맞게 되고 **템포**가 느려진다.

◑ '넘겨주는 운동'; ④-⑤-⑫, '밸런스'는 '피니시'이다.

· "'**밸런스**'를 나타내는 게 '피니시'잖아요! 우선 임팩트보다도, 스윙의 밸런스를 나타내 주는 게 저는 '피니시'라고 생각을 해요. 백스윙 **탑**에서 우측 팔꿈치 각도가 **90°**가 되고, **피니시** 했을 때도 왼팔 각도가 **90°**가 되었는지, 굉장히 많이 신경 씁니다."

· YouTube, [Benjefe] SBS 골프 아카데미 –임희정 프로 특집 1편-예쁜 피니시 만들기

· **피니시 – 스윙을 완성시키는 마지막 밸런스, 피니시는 체중이동과 밸런스를 완성시키는 가장 중요한 동작입니다.**

· 뭐가 문제인지 모르겠다는 건 스윙의 **밸런스**가 전체적으로 무너진 것이라고 볼 수 있습니다. 이런 경우는 먼저 스윙의 원리부터 정확하게 이해하고 자신의 문제점을 찾아야 합니다.

· 〈임진한의 골프가 쉽다〉, 임진한, 삼호미디어, 2014. p. 8, 56~57.

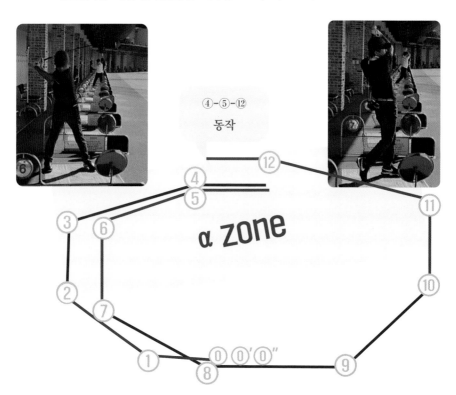

④-⑤-⑫ 동작

α zone

균형 잡힌 밸런스는 어떻게 가능한가요?

 골프는 공을 헤드에 묻혀 내보내는 운동이지. 즉, 골프스윙은 몸의 정면, 임팩트 지점으로 힘을 모으는 운동이기 보다는 '백스윙', '팔로우' 와 '피시니' 구간을 강조해서, 좌우 양측 바깥쪽으로 클럽을 **내보내는** 운동에 가까워. 좌우 양측의 균형을 맞춰보면, 즉, **밸런스** 측면에서 보면 더욱 그렇다는 것을 알게 될 거야.

밸런스(Balance)

우측 팔로
클럽 내보내기

좌측 팔로
클럽 내보내기

Balance
α zone

β zone

좌우 양측으로 내보내는 이미지 스윙

· 골프 스윙(swing)과 제일 가까운 운동 이미지는 그네(Swing) 운동이라 할 수 있다. 즉, '내보내는' 운동이다.

<α Zone, 의미에 가까운 단어>

· **내보내다**: 안에서 밖으로 나가게 하다.

· **넘기다**: 지나가게 하다. 일정한 시간, 시기, 범위 따위를 벗어나 지나게 하다.

· **넘겨주다**: 물건, 권리, 책임, 일 따위를 남에게 주거나 맡기다.

그네뛰기: 좌우, 양측으로 높이 올라가기

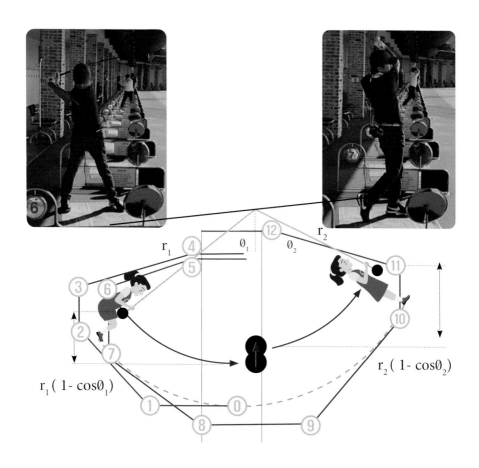

● 'α Zone'에 집중하는 스윙은 일관성이 있다.

- 프로들이 피니시 동작을 연상하면서 '볼을 치고 난 뒤 피니시 동작을 반드시 취하겠다', '최소한 다섯을 셀 때까지 피니시 자세를 풀지 않겠다.'고 마음 먹어야 한다. 바른 피니시는 전단계가 올바로 돼야 가능하다. 또 전단계는 그 전단계가 제대로 이행해야 한다. 따라서 바른 피니시를 하는 것만으로 앞의 잘못된 동작을 고칠 수 있다.

  · 〈임진한 원포인트 클리닉〉, 임진한, 삼호미디어, 2002. p.64.

● 피니시(Finish) & 밸런스(Balance)

- 피니쉬는 스윙의 마무리 완성 동작이다. 여러가지 의미가 있는데 첫 번째는 밸런스이다.

  · 〈골프에 미치다: 우선 100타는 깨고 보자〉, 이주호, 박영사, 2021. P.45.

- 스윙할 때 균형을 잡아라. **골프스윙에서 파워는 균형에서 나온다.** 만일 당신이 균형을 잃는다면 그 스윙에서 많은 파워를 얻을 수가 없다. - 존 홈스

  · 〈골프 다이제스트 레슨〉, 론 카스프리스크, 김해천 옮김, 싸이프레스, 2013. p.275.

◑ α Zone이 결정한다.

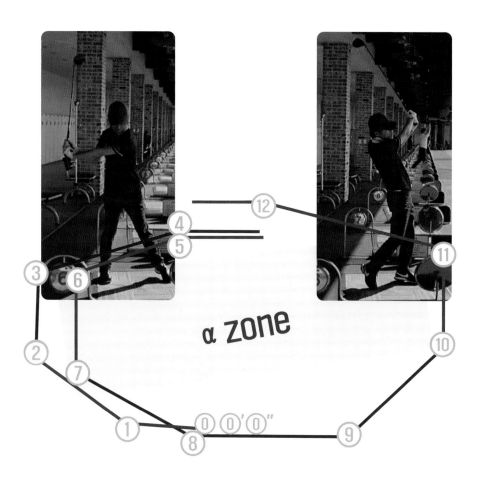

α Zone에 집중하는 스윙

'내보내는 운동'은 뭐야?

누가 제일 높이 올라가느냐 에 따라 승부를 정했던 '그네 뛰기'와 같이, 임팩트 보다는 백스윙 & 팔로우, 피니시, 보내주는 구간에 집중하는 스윙을 말하지.

- 볼을 생각하지 말고 스윙을 하면서 볼이 알아서 맞춰지도록 해보자.
- 대다수의 아마추어 분들은 백스윙을 들어 공을 맞추려고만 노력한다. 그렇게 되면 굉장히 부자연스러운 흐름이 나오기 때문에 오히려 안 좋은 결과를 만든다.
- 백스윙에서 피시쉬까지 흐름이 끊기지 않고 진행되는 것이 중요하다. 공을 맞춰야겠다는 생각보다는 공을 원하는 목표방향으로 쳐내는 것이 목적이다. 우측에서 좌측으로 잘 넘겨주면 이것을 클럽의 휘두름이라 볼 수 있다. 클럽을 넘기다 보면 공이 알아서 맞게 되어야 한다.*

* YouTube, [모닝골프] 전상훈프로, 골프레슨 공이 치려고 한다면.. NO 휘두르는 골프스윙을 만들어야 합니다.

◑ α & β Zone

α zone

β zone

내보내는 스윙을 하면 밸런스가 좋아진다고?

 어 ~

밸런스(Balance) '균형잡기'

- 우리의 몸은 정밀한 기계보다 더 왼쪽과 오른쪽(median plane) 그리고 위쪽과 아래쪽(horizontal plane) 그리고 앞과 뒤(coronal plane)의 균형에 대한 본능적 감각이 발달해 있다.

보상 동작

- 보상동작은 스윙 순서나 균형에 있어 잘못된 동작이 선행되어 이를 만회하려는 본능적인 동작이 보상동작이다. 스윙에서 보상동작은 일어나서는 안된다. 스윙의 원리를 이해하고 인체와 균형에 대한 역학적 관점에서 골프 스윙을 볼 수 있어야 가능하다.*

* [김영하 프로의 '더 나은 스윙, 더 나은 골프'] 147. 왜 보상동작이 나오는가?, 경상일보 2021.11.24. 16면.

◗ 템포(Tempo)

빠르지 않은 템포는 어떻게 가능할까?

좌우 양측으로 내보내는 이미지 스윙

느려진다.
α zone

빨라진다.
β zone

 천천히 여유 있는 스윙을 하고싶어! '내보내는 이미지 스윙'이 뭐야?

 α Zone에 집중을 하며 스윙을 해봐! 느낌이 올거야!
β Zone은 잊어버려.

스윙의 템포는 내보내는 이미지 스윙으로 조절된다?" '넘겨주는 스윙'을 하면 템포가 느려진다. 그 이유가 무엇일까?

 α Zone에 집중하면 스윙 템포가 느려지는 이유가 무엇일까?

 팔을 내보내는 스윙을 하면 하체주도의 스윙이 되니까 가능한 거야.

 또한 스윙 템포를 천천히 하면 임팩트 타이밍이 좋아 지지.

 맞아. 템포가 빠른 것이 항상 문제였던 것 같아. 스윙 템포가 느린 것은 문제없는 것 같아.

 느린 템포 속에서 타이밍 맞추는 여유 시간 확보가 가능한 거겠지.

· YouTube, [PARK'S GOLF] 박치우 프로. 이 연습으로 7언더 쳤습니다 / 템포, 타이밍 연습방법

◑ 오른손에 힘이 들어가면, 동시에 오른발에 힘이 들어간다. 같이 반응을 한다.

- Youtube, [골프레슨] 이병윤 프로, 왼손에만 장갑을 끼는 이유

기본적으로 같은 쪽, 팔과 다리는 동시에 반응한다.
전두엽의 대뇌피질(Cerebral cortex)에 위치한 운동영역은 왼쪽과 오른쪽이 대칭의 구조를 가지고 있다. 이는 우리 몸의 팔과 다리의 수의운동을 담당한다.

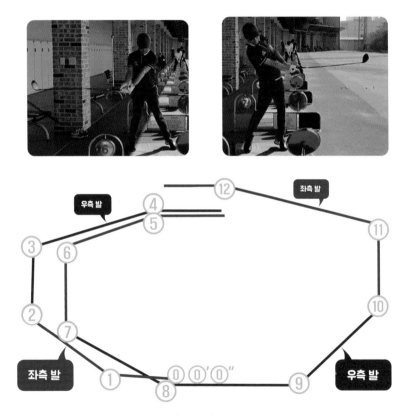

- YouTube, 드라이버 풋 워크 - 솔티드 슈즈(아이오핏), 명품스윙 에이미 조

  스윙의 리듬감을 높이고 체중이동을 잘 할 수 있는 연습방법

- YouTube, [골프 백과사전] 주서율 프로, 리듬감과 체중 이동 연습방법

◑ Lt. -> Rt. -> Lt. -> Rt. -> Lt.

· 체중이동에 대해 발의 pressure point에 관한 레슨은 이미 많은 교본서에서 설명된 바 있다. 하지만, 서로가 상이한 부분이 많아 초심자에게는 혼란을 유발한다. "앞꿈치, 뒤꿈치, 발의 안쪽과 바깥쪽, 그리고 ~"

· 하지만, 그것은 역시 의식의 범위를 넘어선다. 즉, 몸의 꼬임 운동에 의해 자연스럽게 행해질 따름이다. 따라서 발의 일정 부분에서 이루어지는 세밀한 체중이동까지 논하는 것이 의미가 없을 것이다.

· **오직 중요한 것은 좌우측 발이 교차하며 스윙은 진행한다는 사실이다.**

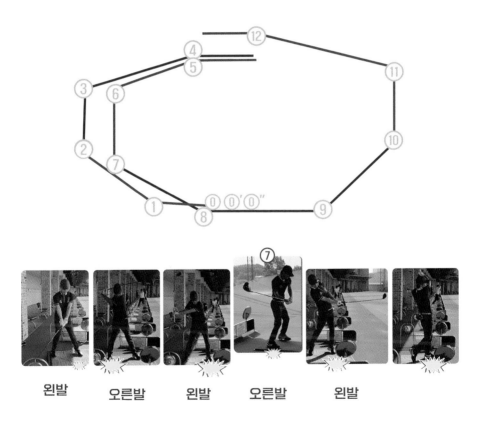

왼발   오른발   왼발   오른발   왼발

◑ 골프 리듬의 의미

· **체중이동**을 위해서는 리듬에 맞는 몸동작의 순서가 나와야 한다. 춤도 처음부터 잘 못 춘다. 리듬감을 타면서 춰야 한다.

· [골프레슨- The LESSON], 거리 늘리는 중요 동작! 체중이동 이해하기, 골프의 모든 것 – 장재식 프로

· 다운스윙, 체중이동이 만드는 리듬

· 〈임진한의 골프가 쉽다〉, 임진한, 삼호미디어, 2014. p.40.

◑ Rhythm, 춤을 추듯이, 스텝을 밟아봐!

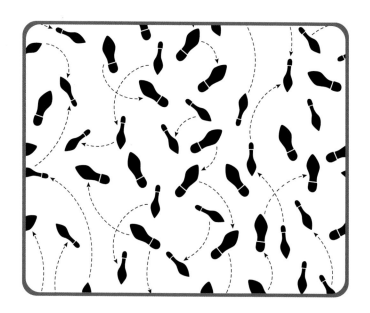

◑ 싱크(Sync)

· **하체**의 **리듬**에 맞춰 **상체**가 움직여야 공에 전달되는 체중을 느낄 수 있다.

· [김영하 프로의 '더 나은 스윙, 더 나은 골프'] 113. 반드시 알아야 할 싱크(Sync), 경상일보 2021.02. 09. 16면.

◗ 스윙은 5 세트(Set)의 '대칭동작'으로 구성된다.

ㄱ 4 - 5 - 12

ㄴ 3 - 6 - 11

ㄷ 2 - 7 - 10

ㄹ 1 - 9

ㅁ 8 - 0 (임팩트 타이밍)

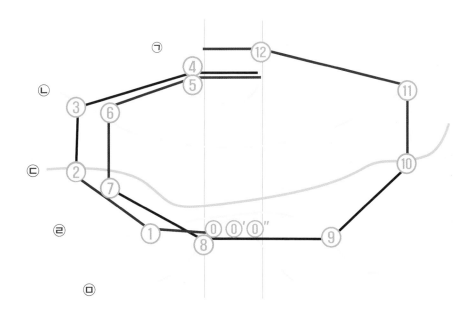

· 12개의 동작은 5개의 서로 닮은 동작으로 쌍을 이룬다. 이는 좌·우측
이 대칭되는 구조로 되어 있는 신체의 구조로 말미암은 것으로, **밸런스**
(Balance), 즉 균형 잡힌 스윙의 이해에 기초가 된다.

◐ ㉠ 4 - 5 - 12

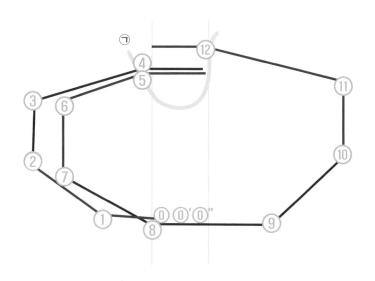

＞ 12개의 스윙 동작은 각각이 아닌, 세트(Set)로 완성된다.

◐ Ⓛ 3 - 6 - 11

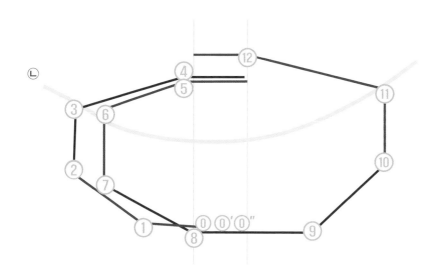

● ②-⑦-⑩

- 좌 우측 **팔**, 주도성이 바뀐다.
- 좌측과 우측, 체중분배가 바뀐다.
- **근육**의 쓰임이 바뀌는 지점이다.

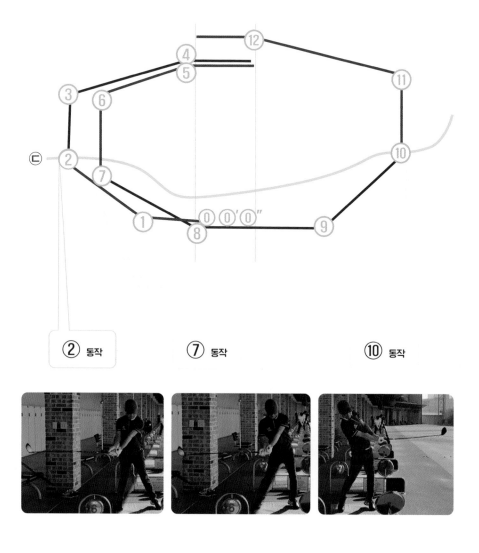

② 동작   ⑦ 동작   ⑩ 동작

◑ ②테이크 어웨이 - ⑦다운스윙 - ⑩릴리즈

	②동작, 코킹	⑦동작, 래깅	⑩동작, 릴리즈
Plane	②좌측팔과 클럽이 비구선에 평행[1]	⑦지점까지 오른쪽 팔꿈치와 손목의 각도를 유지[2]	⑩지점,우측팔과 클럽이 직선[3]
코킹	②지점, 손목 코킹의 시점[4]	⑦지점까지 코킹을 유지[2]	⑩지점에서 '리코킹'한다?
동작	백스윙, ②지점까지 던진다.	⑦지점까지 당긴다?	다운스윙, ⑩지점까지 던진다.

1. 〈스윙을 마스터하는 골프길라잡이〉, 사카타 노부히로, 히로카네 겐시, 유인경 옮김, 국일 미디어, 1999. p.25
2. 〈초보자를 위한 골프길라잡이〉, 사카타 노부히로, 히로카네 겐시, 유인경 옮김, 국일 미디어, 1999. p.29
3. 〈전욱휴 프로가 말하는 골프의 기본은 스윙이다〉, 전욱휴, 골프아카데미, 2012. p. 74.
4. 〈내 생애 최고의 골프 레슨〉, 골프매거진 편집부, 삼호미디어, 김해천 옮김, 2010. p. 65

◐ ㄹ1-9

좌우 양측(①과⑨ 동작)으로 체중을 실어 "빗자루를 쓰는 느낌"이다.*

* 방호일, SinglePlayer, 2014. 6.12.첫 싱글 스코어(SingleScore) 기록

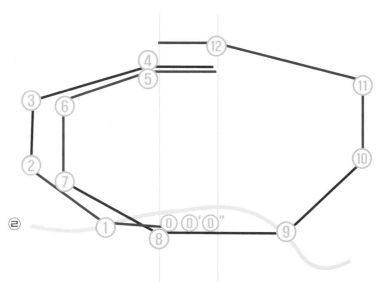

①지점까지 찍는다! 누른다! 찌른다! ➡ ⑨지점까지 찍는다! 누른다! 찌른다!

◑ ▣ 8 - 0

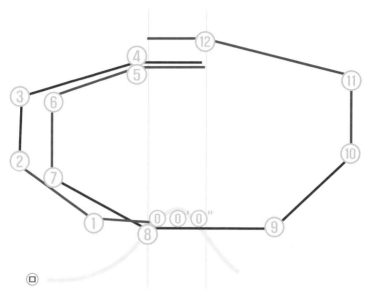

임팩트 타이밍(Impact Timing)

타이밍? 'Impact Timing!'

◑ 골프 클럽의 'Impact Timing' 구역은 사다리 꼴 모양에 가깝다.

골프스윙에서 타이밍(Timing)의 정의는 이미 추상화되었다. 그중에서 가장 중요한 '임팩트 타이밍(Impact timing)'의 의미를 시각적으로 정의해 보았다.

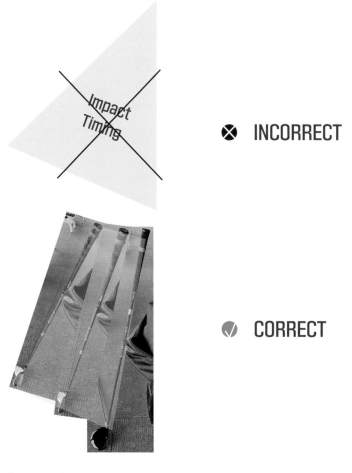

❌ **INCORRECT**

◑ **CORRECT**

↳ 타이밍은 스윙이 순서대로 이루어진 것을 의미하기도하고, 임팩트 순간 클럽페이스가 공과 스퀘어하게 만나는 것이라고 정의할 수 있다.
  · 〈내 인생의 첫 골프 수업〉, 김형국, 골프아카데미, 2018. p. 117.

◑ 임팩트 타이밍

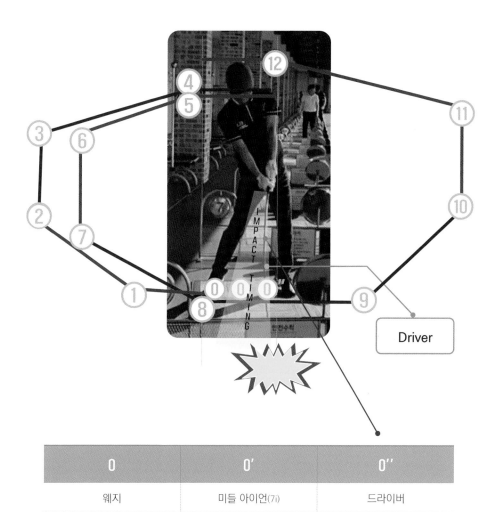

0	0′	0″
웨지	미들 아이언(7i)	드라이버

◑ 임팩트 타이밍

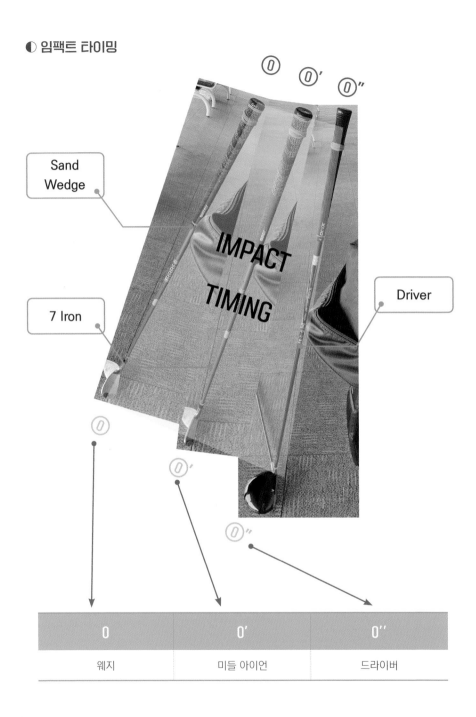

0	0′	0′′
웨지	미들 아이언	드라이버

◑ 웨지, 임팩트 타이밍

· ⑧과 ⓪는 대칭 동작이다.

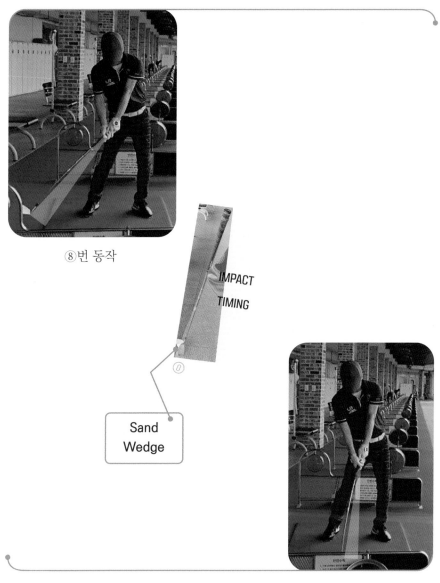

⑧번 동작

IMPACT
TIMING

Sand
Wedge

⓪번 동작

◐ 미들 아이언(7i), 임팩트 타이밍

· 0'번 동작, 미들 아이언의 임팩트 타이밍에서 그립의 위치는 '웨지'와 '드라이버'의 중간지점이다.

⑧

IMPACT TIMING

0'

0'

7 Iron

● 드라이버, 임팩트 타이밍

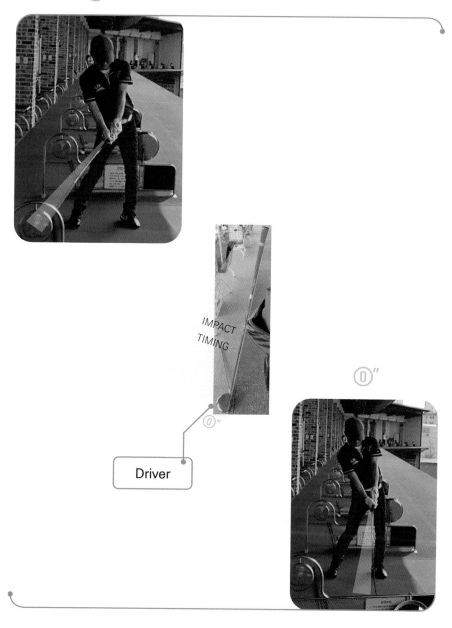

⑧

IMPACT
TIMING

0"

Driver

0"

◑ 임팩트 타이밍

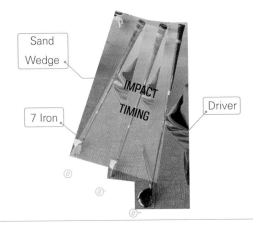

Sand Wedge

IMPACT TIMING

7 Iron

Driver

⑧

Sand Wedge

7 Iron

Driver

⓪ ⓪ ⓪′ ⓪″

Sand Wedge

7 Iron

Driver

아마추어의 영원한 숙제,
'In to In 궤도'의 완성은 체중이동과 같이 만들어진다

▾ 양팔의 움직임과 체중이동은 동시에 이루어진다.

· 〈처음 배우는 골프〉, 우에무라 케이타 지음, 신정현 옮김, 싸이프레스, 2011. P.22

⑦동작, 래깅(lagging)동작과 '우측 발'로의 체중이동은 동시에 이루어진다.

⑦

Lt. -> Rt. -> Lt. -> Rt. -> Lt.

▾ **오른손**에 힘이 들어가면, 동시에 **오른발**에 힘이 들어간다. 같이 반응을 한다.

· YouTube, 이병윤 프로, [왼손에만 장갑을 끼는 이유] 왼팔이 리드해야 하는 구간이 있다.

◑ ⑦번 동작

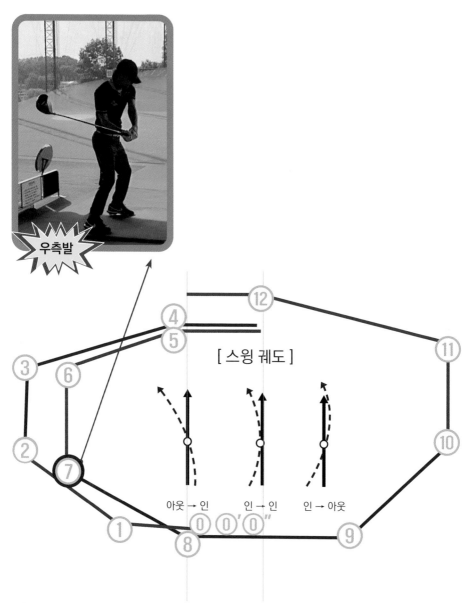

[스윙 궤도]

우측발

아웃 → 인   인 → 인   인 → 아웃

⑦번동작은 '인투인(In to In)스윙궤도'를 결정한다.

• YouTube. [프로들의 스윙 훔치기 1편] 이정웅 프로. 인투인 스윙을 이해해야 훅과 슬라이스가 날 때 바로
  교정할 수 있습니다.

9절 골프스윙에는 '던지는 구간'이 있다
−의식으로 통제되지 않는, '심연의 구간'이다

◑ 심연(深淵)의 구간

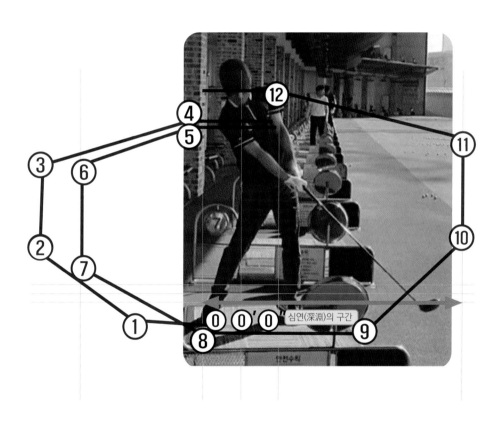

◐ '던지는 구간' [심연의 구간]

⑧* ~ ⑩**구간을 말한다.

우측 허벅지 안쪽에서 채가 던져진 순간, ⑧지점 부터이다. 그립과 팔의 힘이 최대한 자제되었으므로, 마치 "클럽이 손에서 놓아진 듯한 느낌"을 받게 되는데, 이를 우리는 "던진다" 라고 표현하는 것이다.

'던지는 구간'은 하체의 힘으로 유지되는 구간이다. 클럽페이스를 임팩트 순간에 스퀘어로 가져오기 위해서, 상체의 작은 근육보다는 볼을 일정한 방향이나 궤도로 보내기위해, 통제가 용이한 하체의 큰 근육을 사용하기 위한 동작이다.

· 오른쪽 허벅지 앞에서 친다

* 〈초보자를 위한 골프길라잡이〉, 사카타 노부히로 외 지음, 유인경 옮김, 국일 미디어, 1999. p. 54.

· 릴리즈 완성 지점

** 〈전욱휴 프로가 말하는 골프의 기본은 스윙이다〉, 전욱휴, 골프아카데미, 2012. P. 69.

골프를 공부하는 과정에서 수많은 교습가들은, 이전에 사용해 오는 개념의 용어가 있음에도, 자신만의 또 다른 새로운 용어를 사용하는 것을 보았다. 같은 개념임에도 **수많은 용어가 탄생**하는 것이다. 이로 인해 골프를 이해하는 데, 나는 많은 시간 어려움과 혼란의 시간을 격은 바 있다. 기존의 용어만 통일한다해도 많은 초보 골퍼들의 많은 어려움이 해소될 것이라는 믿음이 있다. 따라서 본서에서는 내가 만든 새로운 용어는 없으며, 기존의 교본서에서 빌어 왔음을 밝힌다. 말미에 제시한 책은 나에게 많은 도움이 되었던 책이기도 하고, 새로운 말을 만들지 않고 "이전에 이미 사용되었던 용어를 사용하여, 나의 생각과 같은 의미를 전달하기위해서 붙였다."

추가한 하나의 개념 정의가 있다면, '**심연의 구간**'일 것이다. 기존의 자료를 찾아보아도 같은 의미의 용어를 찾을 수 없었음을 밝힌다.

◐ '던지는 구간' [심연의 구간]

최고의 골퍼라도 긴장, 감정 변화의 순간 실수를 범하는 장면을 보고 있으면, '던지는 구간'은 역시 의식의 범위를 넘어서는 통제되지 않는 '무의식의 영역'임을 다시한번 알게 된다.

또한 의식수준에서 조차도 혼란을 야기한다. 시선을 통해 수집되어 중추 신경계로 보내진 정보는 우리에게 잘못된 행동명령을 내리는 것은 분명해 보인다.* 그래서 골프는 어려운 운동이다.

* 〈골프도 독학이 된다〉, 김헌, 양문(주), 2012.

 골프는 왜 긴장의 순간, 통제가 안되는 걸까?

 의식으로는 통제가 안되는 무의식의 시간이 있기 때문이야!

· 〈융의 영혼의 지도〉, 머리 스타인, 김창한 옮김, 문예출판사, 2015.

던지는 구간[심연의 구간]; ⑧~⑩

"클럽이 손에서 놓아진 듯한 느낌"을 받는 구간을 말한다.

즉, 우리가 채를 "던진다"라고 표현할 때, 그 의미와 맞는 구간

'릴리즈', '롤링'과의 차이

-롤링(Rolling)* ; ⑦~⑩

-릴리즈(Release)** ; ⓪~⑩

'롤링'과 '릴리즈' 모두, 우리가 "던진다"라고 표현할 때, 그 의미와는 차이가 있다.

 * YouTube, JTBC골프, [골프레슨] 중, 상급자가 되려면 꼭 봐야하는 3가지 ing -롤링, 장재식 프로
** 〈전욱휴 프로가 말하는 골프의 기본은 스윙이다〉, 전욱휴, 골프아카데미, 2012.
   [김구선의 골프사이언스] 골프 스윙 '릴리즈의 정확한 타이밍은?', 골프한국 2021.03.30. http://golfhan-
   kook.hankooki.com/

골프스윙에는 '멈춰진 시간'이 있다.

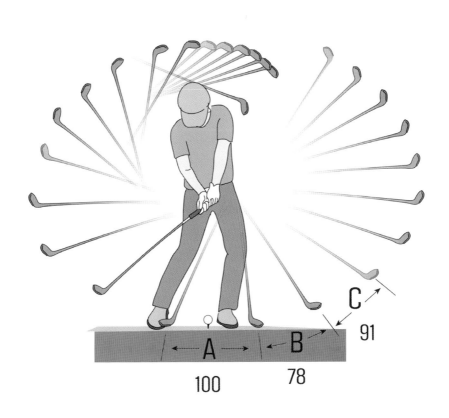

· 임팩트(A구간) 순간, 클럽헤드의 속도는 감속한다.

즉, 임팩트, A구간에 비해 B구간의 클럽헤드 이동거리는 짧아졌고 이후, C구간에서 다시 가속되는 것을 알 수 있다.

◑ '방향성'이란 무엇인가?

· 실제 스윙에서 임팩트 순간, '멈춘 듯한 느낌'을 받게 된다.
· 이는 볼과 클럽헤드가 만나서 일정 거리를 함께 묻어 가는 시간이다.
· 이때, 체중이동의 힘으로 버티고 상체의 움직임을 자제하여 접촉 시간을 충분
  히 확보한다면 공의 방향성은 향상될 것이다.

· 임팩트 구역의 직각성은 체중이동으로 유지된다.

  · 〈스윙을 마스터하는 골프길라잡이〉, 사카타 노부히로 외 지음, 유인경 옮김, 국일 미디어, 1999. p.67.

· 임팩트 때 팔, 샤프트, 헤드가 제대로 일직선이 됐다면 '멈춘 듯한 느낌'을 받
  게 된다. 이 느낌을 가져야 파워를 최대한 볼에 전달할 수 있고 거리가 난다.

  · 〈임진한 원포인트 클리닉〉, 임진한, 삼호미디어, 2002. p.70

'멈춰진 시간'은 공이 클럽헤드에 압착되는 시간이다.

◑ 근력 (筋力, Physical Strength)

'임팩트 zone'에서, 몸은 우측에서 좌측으로 체중이동 운동을 하고 있다.
골반은 관성에 의한 회전 운동을 하지만 45도 지점에서 잠시 지체되어, 어깨의
수평회전운동의 시간을 제공한다.
어깨도 오직 관성의 힘으로 비구선을 따라 수평 회전을 하게 되는 것이다.
임팩트 순간, 결과적으로 몸의 움직임은 오로지 우측에서 좌측으로의 체중이동
의 힘으로 버티는 시간이 된다.

하체 vs. 상체

◑ 볼이 클럽헤드와 만나는 순간의 상상과 느낌에 집중하자.

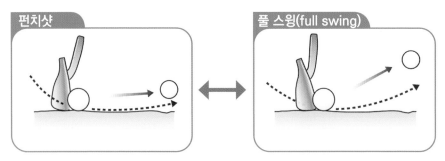

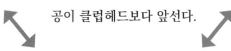

공이 클럽헤드보다 앞선다.

클럽헤드가 공보다 앞선다.

◑ 볼에 체중을 실어보자!

· 풀 스윙(Full swing)

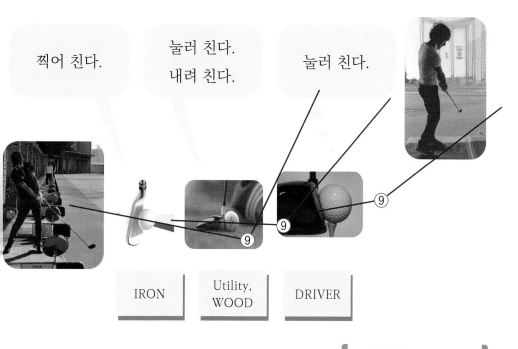

우드와 하이브리드는 볼을 올려 치지 말고 내려치는 기술을 습득하라.
· 〈골프 다이제스트 레슨〉, 론 카스프리스크, 김해천 옮김, 싸이프레스, 2013. p.234.

신지애는 하이브리드샷을 할 때 '살짝 **찍어 치는** 느낌'을 강조한다.
· [톱골퍼 비밀노트] (203) 신지애의 하이브리드샷, "가볍게 찍어 친다" 느낌으로 부드럽게 스윙. 매일경제, 조효성 기자, 2019.3.18.

박결은 우드샷을 할 때 쓸어 치는 스윙뿐 아니라 찍어 치는 스윙도 익혀야 한다고 강조한다.
· [톱골퍼 비밀노트] (306) 박결의 찍어 치는 우드샷 "때리지 말고 눌러친다는 느낌으로" 매일경제, 조효성 기자, 2021.4.1.

◑ 로브샷 & 벙커샷

공 아래를 깎아 내듯이

신지애 프로는 **로브샷**을 '잔디 위에서 하는 **벙커샷**'이라고 생각하면 된다고 했다. 클럽 페이스를 최대한 열고 클럽 헤드가 공 아래로 깨끗하게 통과하도록 치는 게 중요하다.

· [스위트 골프] [신지애의 "골프는 자신감"] [14] 로브샷은 공 아래를 깍아내듯이. 조선일보 2010.7.14. 민학수 기자.

◑ 볼과 만나는 순간을 상상해 보자

'펀치샷'과 '로브샷', 사이 어딘가의 느낌으로 공과의 만남을 준비한다.

볼을 클럽헤드에 묻어라!

**아래를 깎아 내듯이.
클럽페이스가 공 밑을 지나가도록.**

· 퍼팅이 3가지 방법

짧은 거리에서는 펀치 샷을 하여 홀컵에 똑바로 넣는다.

· 〈프로골퍼도 몰래 보는 골프책〉, 오츠키 요시히코, 이용택 옮김, 봄봄스쿨, 2015. P. 144.

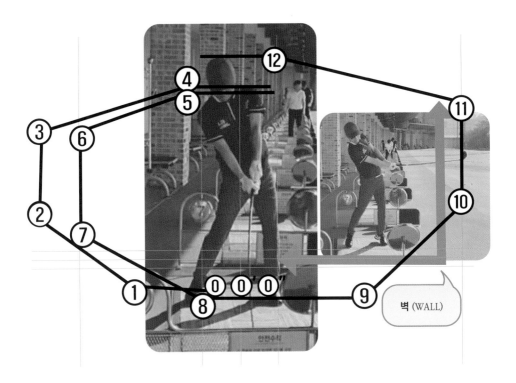

벽 (WALL)

◖ 벽(Wall)이란?

· 벽이란, **상체**의 운동성 변화에 대한 **하체**의 느낌을 말한다.
· 임팩트 즉, 클럽과 공의 만남으로 시작, 이어지는 클럽의 운동방향 변화에 대한 **하체** 좌측에서 느껴지는 저항감을 말한다.

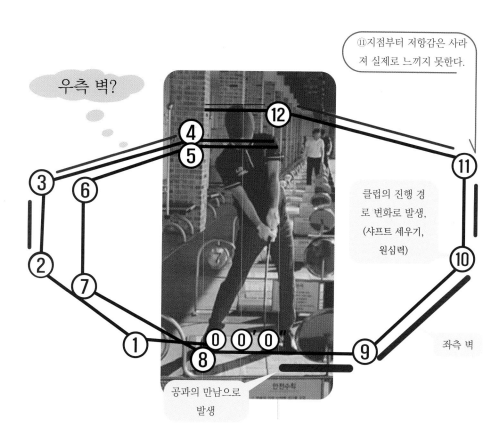

우측 벽?

⑪지점부터 저항감은 사라져 실제로 느끼지 못한다.

클럽의 진행 경로 변화로 발생, (샤프트 세우기, 원심력)

좌측 벽

공과의 만남으로 발생

2장

'골프 레슨', 혼란을 일으켰던 순간

◑ 골프 레슨, 틀린 내용이 그렇게도 많은 가요?

우리는 인터넷, 골프채널 TV, 서적에서 쏟아져 나오는 정보의 홍수속에 있다. 모두 교습가 개인의 경험을 토대로 나름의 이해방식으로 연습 드릴(Drill)과 함께 설명 하는 내용이다. 하지만, 이중에는 주말골퍼가 습득하기에 한계를 넘어서는 내용도 있는 것은 분명해 보인다. 우리는 이를 어떻게 받아들여야 할까?

앞으로 대표적인 3가지 예를 설명하겠다. 해당 내용은 나의 개인적인 경험에서, 참으로 이해하기 어려웠던 사례들이었음을 밝힌다.

굳이 언급하는 이유는 독자들이 다양한 매체를 통해 골프레슨을 습득하는 과정에서 해당내용을 그대로 받아들이기 보다는, **본인 스스로의 재해석을 통한 이해**가 필요함을 말하기 위함 임을 밝힌다.

이주호 프로

양쪽 겨드랑이가 떨어지는 사람. 그 때 당시 스윙머신이라는 닉팔도 스윙을 따라 하려고 연습장에서는 많은 사람들이 너도 나도 할 것 없이 수건을 사용했다. 그러나 오히려 스윙에 대한 많은 부작용을 낳았고 저자 역시도 좋은 느낌을 갖지 못했다. 하지만 시간이 흐른 뒤 그 연습에 대한 방법은 수박 겉핥기 정도만 알고 시작했다는 것을 알았고 골프에 대한 레슨의 조심성을 다시 깨달았다.

· 〈골프에 미치다: 우선 100타는 깨고 보자〉, 이주호, 박영사, 2021. P.28.

◑ 벽이란 무엇인가?

벽은 일정**시점, 지점**이 아니다.

벽은 **지속**되어야 하는, **구간**이다.

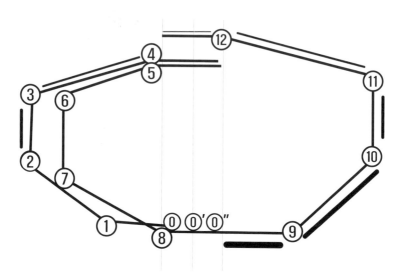

◑ 체중이동?

오른발 → 왼발?

 NO ✗

오른발 → 왼발
아닙니다.

| 오른발 | 왼발 | 오른발 | 왼발 |

YES ✓

Lt. -〉 Rt. -〉 Lt. -〉 Rt. -〉 Lt.
맞습니다.

◑ 어퍼블로우(Upper Blow), 상향타격? 올려 친다?

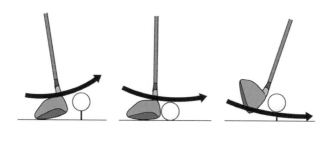

▲ 어퍼블로우
드라이버

▲ 사이드블로우
페어웨이우드,
롱 아이언

▲ 다운블로우
마들 아이언,
숏아이언

모든 샷은 ⑨지점을 향해 누른다.

। 톱에서 다운 스윙까지는 오른손을 휘두르는 것이 아니라, 맨손을 찌르듯 내리누
르는 의식으로!

· 〈가장 빨리 싱글이 되는 골프길라잡이〉, 사카타 노부히로외 지음, 유인경 옮김, 국일 미디어, 1999. p.82.

① **어퍼블로우**(Upper Blow),

② **사이드블로우**(Side blow),

③ **다운블로우**(Down blow).

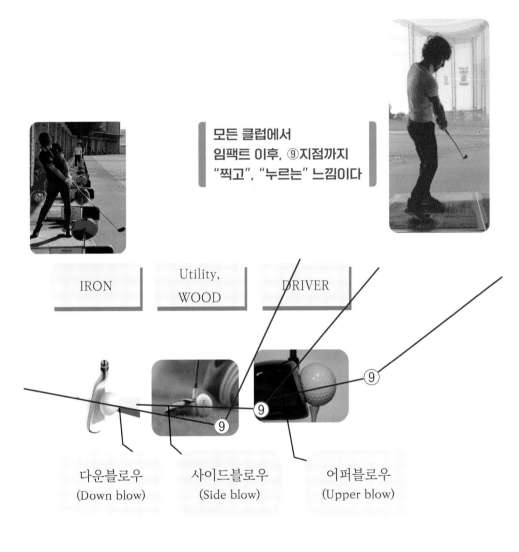

모든 클럽에서
임팩트 이후, ⑨지점까지
"찍고", "누르는" 느낌이다

IRON

Utility,
WOOD

DRIVER

다운블로우
(Down blow)

사이드블로우
(Side blow)

어퍼블로우
(Upper blow)

3장

100타 그리고 90타 깨기

◐ 주말골퍼, 4년

(2019년)

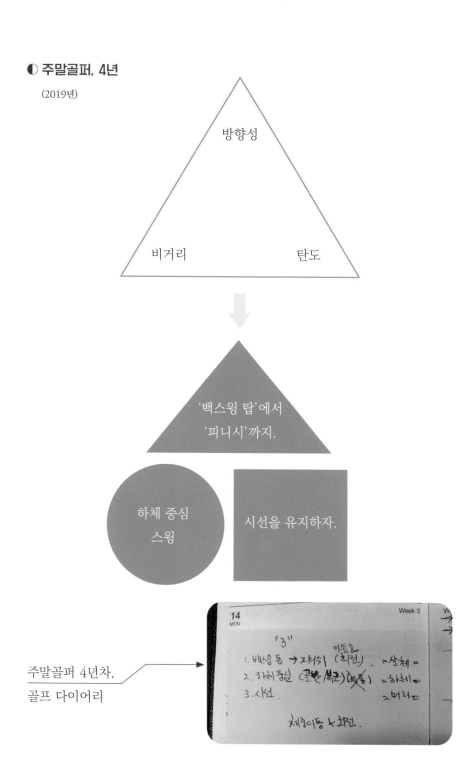

주말골퍼 4년차,
골프 다이어리

◗ 주말골퍼, 7년

(2022년, 현재)

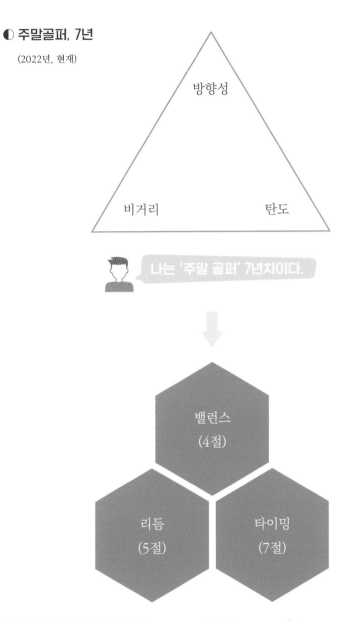

골프스윙의 3대핵심은 템포(Tempo), 타이밍(Timing), 리듬(Rhythm) 및 밸런스(Balance)와 결부돼 일관된 골프스윙을 만들어낸다.*

* 〈임진한 원포인트 클리닉〉, 임진한, 삼호미디어, 2002, p.52.

골프의 중요 동작에 대한 느낌은 끝없이 반복하며, 언제나 다른 느낌으로, 조금씩 선명하게 다가온다.

 골프는 끝없는 반복훈련을 통해서 몸이 만들어 진 후에, 동작이 완성됨을 스스로 깨우치는 운동이다.

· 골프는 평생 배워야 한다는데 정말 그런가요?
  · 〈골프 초보자가 가장 알고 싶은 최다질문 TOP 63〉, 심짱, 메디트북스, 2021. p. 287

 그립의 완성은 언제 즈음이나 완성될까?

골프를 그만두는 순간까지 끊임없이 새로운 느낌으로 다가올 거야. 언제나 그랬듯이.

· Ben Hogan's Five Lessons : The Modern Fundamentals of Golf. Ben Hogan, Herbert Warren Wind, Anthony Ravielli(Drawings), Atria Books, 2002. P. 21.

이글골프연습장 (안중읍, 평택)

나는 적지 않은 기간, 주말골퍼의 길을 걸었다. 가까운 인도어 연습장이 있어 7
년간 쉬지 않고 정기권으로 골프 연습에 매진했다. **손이 꽁꽁 어는 혹한기에도
게을리하지 않았다. 아마도 7년간, 주4~5회 이상 끊임없이 연습하였던 것이다.**
그리고 얻은 하나의 결론이 있다.

"주말골퍼가 페어웨이에서 170 미터 이상의 Carry(비거리)를, 일관성 있게 보내
는 것은 불가능하다."*

그것은 주말골퍼의 노력과 운동능력이 부족해서가 아니다. '주말골퍼의 정의'에
서 언급하였듯이, 그들이 필연적으로 가질 수밖에 없는 제한된 연습양과 몸의 유
연성, 그리고 근력의 한계 때문이다.

* 방호일, Single Player, 2014.6.12. 첫 싱글 스코어(Single Score) 기록

"주말골퍼가 페어웨이에서 170 미터 이상의 Carry(비거리)를, 일관성 있게 보내는 것은 불가능하다."*

* 방호일, Single Player, 2014. 6.12. 첫 싱글 스코어(Single Score) 기록

◑ 100타 깨기

그토록 바랬지만, 올 것 같지 않았던 나의 100타 깨기의 순간이 기억 난다.
허무하게도 클럽을 정리하는 것만으로 '깨백'의 순간을 맞이했다.

주말골퍼가 다룰 수 없는 골프 클럽이 있다.
'우드(Wood)'와 '롱 아이언(long Iron)'을 제외시키다.

◑ 골프클럽 구성

퍼터 (mallet 형)
────────────────── ●

Wedge S(55°), G(49°), P(43°)
────────────────── ●

9(37°), 8(32°), 7(28°), 6(25°) Iron
────────────────── ●

Utility 6(30°), 5(26°), 4(22°)
────────────────── ●

Driver
────────────────── ●

퍼터
● ──────────────────

Wedge; 70m 85m 100m
● ──────────────────

Iron; 110m 120m 130m 140m
● ──────────────────

Utility; 150m 160m 170m
● ──────────────────

210m
● ──────────────────

드라이버는 티(Tee) 위에 공을 올리므로 장거리 타격이 가능하다.

우드(WOOD), 롱 아이언(LONG IRONS)은 왜 안 맞는 거야?

우드(WOOD)와 롱 아이언(LONG IRONS)을 사용하려면 임팩트 존(⑧~⑨
구간)이 충분히 긴, 스윙을 만들 수 있어야 해.
하지만, 주말골퍼에게는 참으로 힘든 일이야, 긴 구간을 버티기
에는 근력과 유연성이 부족하지.

임팩트 존(Impact Zone)

임팩트 구역에서는 헤드의 궤적이 일직선(완벽한 직선은 아니지만 거의 일직선)을 그린다.
이 일직선이 길수록 볼 방향, 거리, 탄도가 좋아진다.*

* 〈임진한 원포인트 클리닉〉, 임진한, 삼호미디어, 2002. p.55.

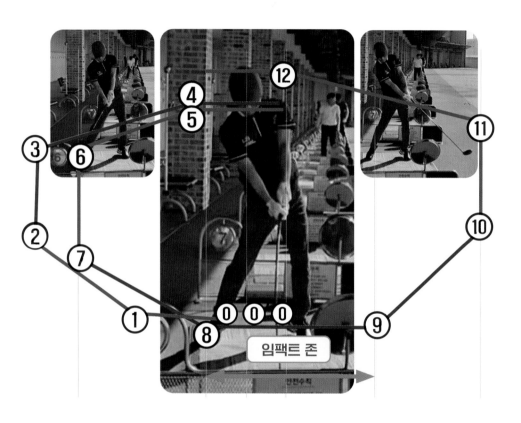

· **임팩트 존**(Impact zone);

⑧~⑨ 구간

◐ 근력 & 유연성의 차이

두 개의 사진, 주말골퍼 vs. 프로골퍼.
극복할 수 있는 차이인가요?

아니요!! 극복할 수 없습니다!!
기능보다 우선하는, '**신체 구조의 차이**'이기 때문입니다.

⑩번 동작

근력; 제자리에서 **버티는 인내력**도 포함한다(참고 견디는 힘, 지구력).

90타를 깨려면 무엇이 필요할까?

· 반드시 골프이론의 이해가 필요해!
· 90타를 깨기 위해서는 반드시, **1장에서 언급한**, '골프이론
  에 맞는 **기본동작**'이 나와줘야 해!

· 필연적으로 우리는 어느 날, 잘못된 움직임으로, 즉 지속 불가능한 방식으로
  공이 잘 맞는 동작을 만나게 된다.
· 골프 이론은, 이때 우리를 멈춰 세운다.

90타 깨기

 ## 골프 이론이 왜 필요한 거야?

우리는 계속되는 골프 연습으로 하루 하루 발전해 갈 꺼야. 매일 매일 연습 중에 몸에서 느껴지는 새로운 감각 또는 느낌을 계속 만나게 되지.

골프 이론은 바로 그 동작의 옳고 그름을 확인시켜 줄 꺼야. 옳은 동작이라면 이어지는 연습 속에서 계속 강화훈련을 하면 될 꺼야.

반대로 이론적 배경이 없는 상태에서 어느 날 '잘못된 방식'으로 공이 잘 맞는 날을 상상해 보자고! 그 것이 '바르지 못한 동작'이란 것을 알지 못하고 같은 방법으로 연습을 이어가는 것은 **최악의 경우**라고 할 수 있을 꺼야.

GOLF SWING MECHANICS !

4장

나는 '주말 골퍼'이다

◑ '주말골퍼'
굳이, 정의까지 필요할까요?

주말골퍼는 프로선수와 주어진 환경의
차이가 너무나 커서 연습방법과 골프
의 목표에 있어서 분명한 차이가 있어
야 합니다!
자신을 정확히 알아야 **"골프를 지배"**할
수 있는 것이지요. 그것이 주말골퍼의
정의가 필요한 이유입니다.

공동저자 박해건 본부장. BPS 사업본부, (주)티에스피

◑ 프로골퍼 (Professional Golfer)

· 프로골퍼는 전체 골프인구 중, 0.001~ 0.002% 이다.*·**

   * '2021년 기준, 회원 6960명'. 한국프로골프협회(KPGA)

   ** 2021년, 우리나라의 골프 인구는 564만명. 〈레저백서 2022〉 서천범, 한국레저산업연구소, 2005

· 통상적으로 프로들은 하루 연습량으로 1,000개 이상 공을 친다고 한다. 프로
   는 이 연습을 위해 하루 평균 3시간은 웨이트 트레이닝을 하고, 공 치는 양의
   3배 이상의 빈스윙을 한다.

   · 〈내 인생의 첫 골프 수업〉, 김형국, 골프아카데미, 2018. p.61.

◑ 주말골퍼의 정의

· 35세 이후 골프운동을 시작

· 한주에 4~5일, 연습장을 방문, 주 2000(300×7)개 이하의 연습구

· 별도의 특별한 근력운동 및 정기적인 체력단련 활동이 없음

· 잔디에서 공을 칠 수 있는 기회는 라운딩 포함해서 한달에 4번 이하

· 골프 **라운딩**, 스코어 이외, **또 다른 목표와 이유가 있다.** 바쁜 생활 속에서 오
   랫동안 보지 못했던 동반자와 만나게 된다. 운동 중, 동반자와 대화의 시간을
   가져야 하고, 그간 쌓였던 긴장되었던 감정 이완의 시간도 가져야 한다.

◑ 주말골퍼, 철저하게 골프스윙의 이론적 이해가 선행되어야 한다.

· 골프운동에 있어 주말골퍼는 부족한 시간과 불리한 여건으로 한계에 놓여있음을 인정하자. 스스로의 한계를 인정하지 않는다면 운동을 즐기지 못하고, 언제나 골프는 과도한 **부담감과 좌절, 실망감**으로 다가올 것이다. 프로선수와 다른 연습환경에서 오는 한계점을 이해하고, 나름의 목표를 재설정해보자.

· '주말골퍼'는 **몸으로 모든 시행착오를 경험할 수 없는** 너무도 바쁜 사람들로, 배움에 있어 **지름길이 필요한** 사람들로 정의한다.

· 따라서, 주말골퍼는 프로선수와는 다르게 오히려, 철저하게 골프 스윙의 이론적 이해가 선행되어야 한다는 것이 나의 생각이다.

⌄ 20대부터 골프를 시작해서 지금은 싱글을 치는 친구들의 코를 납작하게 해줄 방법이 없을까? 찾아보니 방법이 있었다. 골프에 물리학을 적용하는 것이었다.

· 〈프로골퍼도 몰래 보는 골프책〉, 오츠키 요시히코, 이용택 옮김, 봄봄스쿨, 2015. P. 4.

◑ 프로선수와 뭐가 다를까?

아마추어가 할 수 있는 스윙과 할 수 없는 스윙이 있나요?

· 〈골프 초보자가 가장 알고 싶은 최다질문 TOP 63〉, 심짱, 메디트북스, 2021. p. 296.

우리도 프로선수처럼 열심히 하면 언젠가 TV에서 보는 것처럼 멋있게 스윙을 할 수 있지 않을까?

아니야, 할 수 없어! 목표를 바꿔야 해! 프로선수가 되기 위해 어떤 과정을 밟는지 알아보기만 해도 그 이유를 쉽게 알 수 있을 거야!

'보기 플레이(Bogey Play)', 이미 상위 5프로입니다. "OK"안주면 90프로가 '백돌이'라니까!

· [NO협찬] 누구나 할 수 있는 보기플레이 하는 법, 대구 비앙골프아카데미, 골프치는 오선생

 주말골퍼

보기 플레이어(Bogey player)가 목표이다	싱글 플레이어(Single player)가 목표이다
무엇보다도 먼저, 골프의 **이론**을 철저히 공부하여 제한된 환경의 극복을 도모한다. 즉, **연습장**에서의 훈련을 통해 골프이론을 몸으로 이해하고 이어진 강화훈련을 지속한다. 제한된 필드경험의 극복에 도전하는 것이다.	가능한 많은 골프 라운딩, **필드**(Field) 경험을 추구한다.
페어웨이(Fairway)에서 캐리(Carry) 170 미터 이상의 욕심을 버린다.	캐리(Carry) 180미터 이상 보내기위해 끊임없이 시도한다.

5장

명랑골프는 없다

'명랑골프'가 뭐야?

룰과 매너를 지키지 않고, 서로를 **배려한다는 잘못된 생각**으로 대충하는 골프를 얘기하지.

골프의 진정한 의미를 모르고 운동을 한다고 생각하면 될 거야.

· 서로 경기규칙을 어기고, 눈감아주고 서로 최선을 다해 경쟁하지 않고, 야성을 발휘하지 않는 골프경기는 긴장감도 없고, 승리의 쾌감을 주지도 못한다.

◑ 명랑골프는 없다

이제, **과거 가장 기뻤던 환희의 골프 라운드 순간을 떠올려보자.** 그저 좋은 사람과 같이해서 즐거웠던가? 아니다. 우리 모두는 이렇게 고백하지 않을 수 없을 것이다. "바로 그때는, 최고의 스코어로 상대를 이겼던 순간이었다."

사람은 이성적 존재이기 전에 동물적인 본능을 가지고 있다. 지그문트 프로이트(Sigmund Freud)는 **"모든 인간의 본성 안에는 공격성이 있다."**라 하였다. 그 공격성을 **야성**이라 말한다. 하지만, 사회, 도덕적 규범속에서 살고 있는 현대인은 야성적인 본성을 감추고 생활해야 함으로 이를 해소하지 못한다. 따라서, 스트레스와 고통에 시달리는 것이다.

이러한 공격성을 해소하기 위해 금지된 통로와 비슷한 또 다른 배출구를 찾으려고 할 것이다. 다시 말해 공격 본능이 외견상으로는 전혀 공격적이지 않은 형태로 표현되는 것이다. 간접적으로 이러한 공격성, 야성을 키우는 활동이 스포츠이다. 스포츠 활동을 통해 공격성을 표출함으로써 우리는 스트레스를 줄일 수 있는 것이다. 야성은 생존본능과 같은 것이다. **상대를 무너뜨리고 이겨야 만이** 승리의 월계관을 쓸 수 있다. 승리하기 위해서 타인과의 경쟁 뿐이 아니라 자신과의 경쟁에서도 이기는 것이 우리의 본성, 야성이라 할 수 있다.

대치된 공격성의 대상이 문화적으로 높은 수준의 가치를 가진 것이면 이러한 유형의 전위를 '승화'라 부른다. 즉, 사회적으로 유용하고 문화적으로 창조적인 방식으로 배출되는 것이다. 나아가, 깨워진 야성은 **사회활동의 양적인 에너지**로 활용되는 것이다. 스포츠를 통해 깨워진 이러한 야성적 본성은 사회에서의 여러가지 역할을 함에 있어 에너지의 원천이 된다. 즉, **위대한 성취**의 원인이 되는 것이다.

서로 경기규칙을 어기고, 눈감아주고 서로 최선을 다해 경쟁하지 않고, 야성을 발휘하지 않는 골프경기는 긴장감도 없고, 승리의 쾌감을 주지도 못한다. **"명랑골프는 없다."** 경기를 통해 자신 본연의 자세로 경쟁하며, 서로를 깊숙이 경험한 우리는 상호간의 이해가 깊어 간다. 상대의 진정한 인정을 통해서만이 가깝고도 발전된 관계를 이어갈 수 있는 것이다.

· 〈프로이드 심리학 입문〉, 캘빈 S. 홀, 안귀여루 옮김, 범우사, 1996.
· EBS Class ⓔ, 반드시 이기는 스포츠 경영전략, 김도균.

6장

우리는 '져쓰리(Just Three)'이다

◑ 국내 골프인구, 600만명 시대*

* 〈레저백서 2022〉 서천범, 한국레저산업연구소, 2005. –2021년, 우리나라의 골프 인구는 564만명.

◑ 최근 국내 골프인구의 급증은
'고급 스포츠'라는 이미지가 한 몫 한다*~***

* 조선일보, [아무튼, 주말] 급증한 20.30대 여성… 그들은 왜 골프장으로 가나. 변희원 기자. 2020.10.31.
** 매일경제, "명품 골프복 입고 라운딩 한판"…대기업도 2030 '영골퍼'노린다. 이하린 기자. 2022.6.12.
*** 동아일보, 정말 '모두의 골프'문화를 만들고 있는 엑스골프 조성준 대표, 동아닷컴 IT전문 이문규 기자.
    2022.4.25.

현대인들은 사유보다는 **소비를 통해 자신의 존재를 증명**한다. 즉, 사용가치의 관점에서 재화를 소비하지 않으며 타인과 구별 짓는 기호로써 사물을 조작하고 소비한다. 사회적 동물인 인간은 소비를 할 때 결코 혼자서 소비하는 것이 아니라, 서로 연루되는 코드화 된 가치들을 생산 및 교환의 보편화된 체계 속에서 소비하는 것이다. 따라서 소비는 적극적이고 집단적인 행동이며 강제이고 도덕이자 제도이다.*

* 〈소비의 사회; 그 신화와 구조〉, 장 보드리야르, 이상률 옮김, 문예출판사, 2015.

◐ 골프 비용(항목)

		(예시)
필드	그린피	250,000(원)
	카트피	
	식사비	
	캐디피	
골프 레슨	연습장 레슨	
	필드 레슨	
장비 구입		
의류 구입		
연습장 이용료	(월 정액 기준)	240,000(원)
스크린 골프		
컨트리클럽 회원권		

기타: 자가(가정) 연습도구, 교통비, 레슨 캠프(국내, 해외)

◐ 비용 계산 예시 (1인 기준)

예1 한달 1회 골프라운드

> 월, 30~40만 원
> 년, 360~480만 원

예2 한달 4회(매주) 골프라운드

> 월, 120~160만 원
> 년, 1440~1920만 원

예3 한달 8회(주2회) 골프라운드

> 월, 240~320만 원
> 년, 2880~3840만 원

우리, 주말골퍼는 싱글 플레이어(Single Player)**가 되어야 할까요?**

 아니요! '져쓰리'는 **보기플레이어**(Bogey Player)로 만족합니다.

필드에서 몇 타를 쳐야 골프를 즐길 수 있을까요?

여러분들은 100타 이상을 치지만 90타대를 치는 것을 목표로 하고, 80타대가 꿈의 스코어라 생각하시면 골프가 즐거워질 것입니다. 그리고 이 스코어는 가능한 스코어입니다. 가능하지 못한 스코어는 바로 70타대입니다. 그러니 목표를 70타대로 가져가면 골프에 스트레스가 넘쳐 흐를 것입니다.

· 〈골프 초보자가 가장 알고 싶은 최다질문 TOP 63〉, 심짱, 메디트북스, 2021. P. 305.

매 홀마다 한 개씩 오버해서 골프를 쳤다면 18홀이니 18개 오버가 되고 72타를 더하면 90타가 된다. 이 정도의 스코어를 기록하는 골퍼를 '보기 플레이어(Bogey Player)'라고 한다. 아마추어의 꽃이라 할 만큼 누구나 도전하고 싶어하고 또 달성 가능한 스코어이다.

· 〈내 인생의 첫 골프 수업〉, 김형국, 골프아카데미, 2018. P. 191.

◐ 싱글 플에이어(Single Player)가 되기 위해서는...

70대를 치려면 연습량이 얼마나 필요할까요? **일주일에 필드를 한 두번 나가 주시고**, 또한 연습장에서 두 번 정도 내 샷을 점검하면서 연습해야만 70대를 쭉 유지할 수가 있기 때 문에 시간을 골프장에서 많이 투자를 해 주셔야 합니다. 그 다음에 제일 중요한 것은 70대를 치려면 자신의 전문클럽이 있어야 됩니다. 정말 자기가 자신이 있는 클럽이 두세개는 되어야 만 70대를 유지할 수가 있습니다.

오직, 3명만 운동한다. 우리는 '져쓰리(Just Three)'이다!

· 우리는 15만원 이상의 그린피는 거부한다.
· 명랑골프는 없다. 무조건 돈내기, 1000원!
· 더 이상 감정소모는 없다. '노 캐디(No Caddie)'만 한다.*

 왜 3명인가요? 네 명이면 좋지 않을까요?

요즘 '져쓰리 정신'에 맞는 조건의 부킹은 쉽지 않습니다. 언제든 부킹이 되면 달려가야 합니다.
4명이 일정을 맞추기는 어렵습니다. 3명의 의사결정이 신속합니다.

---

* 외국은 노 캐디로 플레이하는 경우가 많습니다. 우리나라도 점차 그렇게 바뀔 수 있으니 '스스로 하기'는 앞으로 골퍼에게 중요한 덕목이 될 겁니다.
· 〈골프의 기쁨〉, 강찬욱, 끌리는책, 2021. p.145.

라운딩 전날, 필수 준비물! 1000원 짜리!

져쓰리가 모든 분을 응원합니다.

골프와 같이한 그동안의 시간은 너무도 감사한 순간이었습니다. 넘치지도 않았지만 부족하지 않은 생활 여건이 허락하였고, 자주는 아니었지만 가끔 주말이면 맘 편히 운동할 수 있도록 응원하는 가족과 같이하는 동반자가 있었습니다. 늦은 시간이지만 근무시간 이후 연습장에서 운동할 수 있는 여유도 허락되었습니다. 무엇보다 그동안 몸이 건강하였고 체력도 유지되었습니다.

하지만 우리와 같지 않은 분도 많다는 것을 알고 있습니다. 또한 경제적 여건도 모두 다르다는 것도 알고 있습니다. 여성은 남자와 다른 신체조건을 가졌고, 연세가 지긋하여 체력의 한계를 가지신 분도 있습니다. 부상과 신체적으로 특수한 상황에 있는 분도 있습니다. 요즘 져쓰리 스스로도 관절의 통증과 체력의 감소를 느끼고 있어 지극히 공감합니다.

우리는 모두 다른 다양한 신체조건을 가지고 있습니다. 또한 여가시간과 개인의 생활 조건도 모두 다를 것입니다. 책은 이 모든 분들과 같이 하고자 하는 마음에서 썼음을 다시 한 번 밝힙니다. 부디 본서가 자신의 조건에 맞는 골프 설계에 도움이 되었으면 하는 바램을 가져봅니다. 그리고 나이와 함께 져쓰리의 목표설계도 바뀌어 갈 것입니다. 항상 조금은 부족한 골프 실력을 유지한다는 것은 골프와 영원한 친구가 되는 지혜로운 길이라 생각합니다. 집필 과정은 우리 스스로를 돌아보는 시간이 되었습니다. 오늘도 골프와 함께하는 모든 분과 같이 하고 싶습니다. 독자 여러분께 그리고 스스로에게 힘찬 응원의 박수를 보냅니다.

져쓰리

2022년 10월 2일

맺음말

　내가 골프를 이해하는데 어려움을 겪었던, 골프스윙의 중요 개념들을 개인적인 경험을 토대로 정리, 정의해보았다. 물론 지극히 개인적인 경험일 수도 있겠다. 따라서 개인마다의 다양한 모든 스윙을 담아내지는 못할 것이다. 한계점이 있는 내용임에는 분명하지만, 나와 같은 고민을 하는 골퍼들은 분명 새로운 도전의 마음을 일으키는 전환점으로 책을 만났으면 좋겠다.

　그리고 진정으로 원하는 또 하나의 바람이 있다. 우리는 오늘도 실력향상을 위해 열심히 노력하되, '주말골퍼'로서의 목표설정이 분명해야겠다. 본인의 한계점을 분명히 인식하고 최근 과열된 골프 열풍에 편승하여 삶의 에너지를 과도하게 낭비하지 않았으면 하는 바램을 가져본다.

참고문헌

- 〈초보자를 위한 골프길라잡이〉, 사카타 노부히로, 히로카네 겐시, 유인경 옮김, 국일 미디어, 1999.
- 〈스윙을 마스터하는 골프길라잡이〉, 사카타 노부히로, 히로카네 겐시, 유인경 옮김, 국일 미디어, 1999.
- 〈가장 빨리 싱글이 되는 골프길라잡이〉, 사카타 노부히로, 히로카네 겐시, 유인경 옮김, 국일 미디어, 1999.
- 〈임진한 원포인트 클리닉〉, 임진한, 삼호미디어, 2002.
- 〈임진한의 골프가 쉽다〉, 임진한, 삼호미디어, 2014.
- 〈온몸으로 기억하는 골프 스윙의 정석〉, 닉 브래들리 ,박건호 옮김, 샘터, 2018.
- 〈골프도 독학이 된다〉, 김헌, 양문㈜, 2012.
- 〈내 생애 최고의 골프 레슨〉, 골프매거진 편집부, 삼호미디어, 김해천 옮김, 2010.
- 〈전욱휴 프로가 말하는 골프의 기본은 스윙이다〉, 전욱휴, 골프아카데미, 2012.
- 〈프로이드 심리학 입문〉, 캘빈 S. 홀, 안귀여루 옮김, 범우사, 1996.
- 〈소비의 사회; 그 신화와 구조〉, 장 보드리야르, 이상률 옮김, 문예출판사, 2015.
- 〈융의 영혼의 지도〉, 머리 스타인, 김창한 옮김, 문예출판사, 2015.
- 〈골프 초보자가 가장 알고 싶은 최다질문 TOP 63〉, 심짱, 메디트북스, 2021.
- 〈골프의 기쁨〉, 강찬욱, 끌리는책, 2021.
- 〈골프 다이제스트 레슨〉, 론 카스프리스크, 김해천 옮김, 싸이프레스, 2013.
- 〈내 인생의 첫 골프 수업〉, 김형국, 골프아카데미, 2018.
- 〈고덕호 실전 골프레슨〉, 고덕호, 삼호미디어, 2010.
- 〈Ben Hogan's Five Lessons : The Modern Fundamentals of Golf〉. Ben Hogan, Herbert Warren Wind, Anthony Ravielli(Drawings), Atria Books, 2002.
- 〈모던골프(벤 호건)〉, 전원문화사 편집부, 전원문화사, 1994.
- 〈골프 스윙 최강의 교과서〉, 스가와라 다이치, 이재화 옮김, 삼호미디어, 2021.
- 〈처음 배우는 골프〉, 우에무라 케이타, 신정현 옮김, 싸이프레스, 2011.
- 〈프로골퍼도 몰래 보는 골프책〉, 오츠키 요시히코, 이용택 옮김, 봄봄스쿨, 2015.
- 〈골프에 미치다: 우선 100타는 깨고 보자〉, 이주호, 박영사, 2021.

책의 첫번째 목적은

스윙 개념의 **구체적인 정의**를 통해,

쉽고 **단순한 방법**으로 골프를 이해하기 위함이다.

모두의 다양한 스윙을 만족하지는 않지만, 틀리지 않은 스윙 모델 하나를 제시
하여 새로운 이야기를 시작하려 한다.

명랑골프는 없다

초판발행	2022년 10월 20일
지은이	박인호·방호일·박해건
펴낸이	안종만·안상준
편 집	한두희
기획/마케팅	정성혁
표지디자인	이수빈
제 작	고철민·조영환
펴낸곳	(주)**박영사**
	서울특별시 금천구 가산디지털2로 53, 210호(가산동, 한라시그마밸리)
	등록 1959.3.11. 제300-1959-1호(倫)
전 화	02)733-6771
f a x	02)736-4818
e-mail	pys@pybook.co.kr
homepage	www.pybook.co.kr
ISBN	979-11-303-1628-4 03690

정 가   12,000원